Nesta edição, respeitou-se o Acordo Ortográfico da Língua Portuguesa de 1990, que entrou em vigor no Brasil, em 2009.

CONSELHO EDITORIAL Alencar Fráguas Perdigão, Cláudia Masini
EDITORA RESPONSÁVEL Luciana Tanure
EDITOR João Camilo de Oliveira Torres
EDITOR ASSISTENTE Guilherme Coelho
TECNOLOGIA DE INFORMAÇÃO Alessandro Guerra
PROJETO GRÁFICO E DIAGRAMAÇÃO Gabriela Abdalla

CATALOGAÇÃO NA PUBLICAÇÃO (CIP)

M491v

Medioli, Cristina

Versões do corpo: um percurso na psicanálise e na arte/
Cristina Medioli; Gilda Vaz (Prefácio). –
Belo Horizonte: Quixote+DO, 2023.
204 p.; 15 X 20,5 cm

ISBN 978-65-86942-89-7

1. Psicanálise. 2. Sexualidade. 3. Lacan, Jacques, 1901-1981.
I. Medioli, Cristina. II. Vaz, Gilda (Prefácio). III. Título.

CDD 150.195

ÍNDICE PARA CATÁLOGO SISTEMÁTICO

I. Psicanálise : Lacan, Jacques, 1901-1981
Bibliotecária Janaina Ramos – CRB-8/9166

EDITORAS ASSOCIADAS

www.quixote+do.com.br
Rua Alagoas, 1.270 | sala 304 | Savassi
30130-168 | Belo Horizonte | MG
(31) 3141 1256

Cristina Medioli

VERSÕES DO CORPO:

um percurso na
psicanálise e na arte

Outubro/2023

O corpo, nosso estranho mais íntimo.

O Banquete, PLATÃO

PREFÁCIO

Cristina Gaoni Medioli, a autora deste livro, *Versões do corpo – um percurso na psicanálise e na arte*, o qual tenho a honra de prefaciar, nasceu na Itália.

Embora eu já tenha citado essa referência de Lacan em outras publicações, não resisti em trazê-la de volta como introdução, por se tratar justamente de viagens do psicanalista Jacques Lacan à Itália, onde participou de eventos e, como não poderia deixar de fazer, percorreu inúmeras igrejas, museus e galerias de arte. Lacan comenta sobre sua admiração diante de tantos corpos gozosos, contorcidos, martirizados, estampados nos rostos de homens e mulheres das pinturas e esculturas ali expostas.

Em outro momento, também ao voltar da Itália, Lacan se remete às origens do barroco definindo-o como "regulação da alma pela escopia corporal".

Trata-se da mostra do corpo e da exposição de expressões corporais que entram na dança das palavras e transmitem algo além da linguagem articulada. Diante dessas imagens, as representações de mártires transmitem um sofrimento ou uma vivência mística que se mostra na expressão do rosto. E, através das imagens dos corpos, transmitem também os costumes, a história e a cultura de cada época.

A expressão "escopia corporal" é um termo que encontra inúmeros exemplos nos estudos da etologia que mostram como no reino animal a exibição de uma imagem aciona o comportamento dos animais. Também para os humanos, a imagem do corpo aciona a organização do corpo fragmentado pela função das pulsões parciais antecipando a maturação biológica, que vai se constituindo aos poucos.

O estatuto real de uma imagem em que o corpo se torna objeto do olhar também afeta os humanos, não só em relação ao comportamento sexual como também no campo das subjetividades como uma espécie de organizador. Diante dessas imagens, algo ressoa em cada um, fazendo uma certa contenção de gozo.

O que podemos deduzir da teoria e da clínica psicanalíticas é que o corpo mostra o que é impossível de ser dito, de ser simbolizado e imaginarizado. O corpo se mostra por meio de gestos, olhares, expressões que veiculam as particularidades e os modos de ser de cada um.

Cristina Medioli, lembrando a viagem de Lacan à Itália, também faz uma viagem pela questão do corpo desde o nascimento até a velhice.

Começa pela identidade corporal, ressaltando a constituição imaginária e simbólica que vai se estruturando desde antes do nascimento e mesmo após, quando ainda não há distinção entre o corpo da mãe e o do bebê.

Para abordar essa especificidade do corpo, é preciso ir além da dimensão imaginária e simbólica e tocar no que há do real nele, o que implica atravessar o muro da linguagem e deixar ressoar palavras que têm a função de tecer a trama psíquica, que vai constituindo o eu, que se mostra inicialmente como um eu corporal. A relação corpo e linguagem vai tecendo a trama da subjetividade de cada um, até que um dia o corpo chega à adolescência, segunda etapa desse percurso pelos tempos de sua subjetivação.

Com a maturação biológica que ocorre na adolescência, o corpo entra em cena como uma irrupção do real com todas as dificuldades de simbolização que advêm das transformações desencadeadas. Esse é um momento de passagem em que o corpo fala das formas mais diversas tão bem relatadas aqui no livro.

O real que escapa à simbolização deixará suas marcas de gozo no corpo, com o sentido metafórico que elas acarretam, prossegue Cristina Medioli, trazendo a clínica do adolescente como testemunha desse processo.

Vemos adolescentes em crise, com dificuldades de lidar com as mudanças biológicas que exigem uma redefinição libido-pulsional. A identidade pulsional, como é assinalada por Medioli, é colocada em xeque, configurando um momento traumático.

Não só a clínica mas também o cinema e a literatura são trazidos aqui como referências da suscetibilidade dos jovens de cair no campo do Outro e ser levados a aderir às ideologias do grupo, em busca da difícil inserção social. Sem um Outro que garanta, os jovens acabam colocando o próprio corpo em risco.

A inscrição no campo do Outro, entretanto, não significa a adesão alienada com a qual os jovens se envolvem. Também não significa submissão, enquadramento, adaptação ou padronização às normas instituídas por cada sociedade. As diferenças se impõem aqui demandando ser levadas em conta. Corpos que desafiam a ordem social se defrontam com o impasse gerado da tentativa de adequação do sexo ao gênero.

Medioli ressalta muito bem como a orientação sexual é condicionada pela montagem pulsional própria à revelia do binarismo homem/mulher, lembrando o paralelo que Lacan faz com a arte ao dizer que a montagem pulsional é surrealista.

Destaco a expressão usada por Medioli ao "pensar o sujeito pintando seus 'quadros pulsionais', nos quais não há molduras na tela, não havendo, por isso, uma contenção pulsional. A pulsão sempre insiste, o que se pode fazer é inventar novas pinturas, na tentativa de contornar um Real que sempre escapa". Também é importante destacar que "a vida sexual não se reduz a categorias fabricadas pelo processo civilizatório; há também um Real que não é anatômico e que se refere à relação íntima e sempre singular que um ser falante mantém com seu gozo" *(p. 46)*.

Diante do caráter polimorfo da sexualidade, a objetivação do corpo pela ciência por meio de procedimentos cirúrgicos e medicação não resolve a relação do sujeito com o seu gozo, foracluindo-o do campo discursivo de suas vivências psíquicas. Responde-se com o corpo, mas o sexual escapa como indefinível e inominável, conforme assinalou Freud ao formular a impossibilidade de inscrição do sexo e da morte no inconsciente. Essa impossibilidade vai ao encontro de outro aforismo de Lacan: "A relação sexual não existe", considerando sempre esse algo que escapa à simbolização.

É graças a um, digamos, glorioso intervalo, fresta que se mantém impossível de ser simbolizada, que o corpo entra em cena das mais diversas e criativas formas, se expressando por meio das artes, do esporte, das tatuagens, das cirurgias estéticas e reparadoras, moldando os costumes e as normas que regem a sociedade, tão bem descritos aqui por Medioli.

A pandemia colocou o corpo em evidência da forma mais real que ele poderia ser evocado. A doença, a morte, a vulnerabilidade do corpo se fizeram presentes criando um novo *modus vivendi* como bem relata o livro. É importante destacar que essas experiências traumáticas que nos destituem da zona de conforto a que costumamos nos acomodar trazem sempre algo de novo, que se insere nos costumes. Isso me remete à banda de Moebius, em que o avesso e direito configuram a mesma estrutura em que corpo e cultura ou sociedade trafegam de um ao outro por meio dos giros dos discursos que constituem nossas relações ou laços sociais.

Da doença à sexualidade, o corpo se torna mensageiro e transmissor de valores sociais, conforme descreve Medioli expondo um panorama dos costumes antigos e contemporâneos sempre em movimento e renovação. Podemos pensar a renovação pelo viés da liberdade, um dos focos aqui abordados, referente à libertação do corpo dos padrões aprisionantes que por vezes a sociedade lhe impõe.

Ter liberdade implica soltar-se do aprisionamento não só do corpo mas também do próprio eu na medida em que, como seres pulsionais, estamos sempre no limite entre o somático e o psíquico.

Um aspecto importante destacado aqui por Medioli é o que ela aborda na seção "O corpo em extensão", em que as atividades corporais colocam o desafio do corpo em ultrapassar o próprio limite. A dança, a ginástica e o esporte avançam sobre outros campos da cultura.

Os limites impostos ao corpo muitas vezes são ultrapassados no sentido destrutivo, como nos casos de transtornos alimentares e outros, acionados não mais por estímulos sociais ou externos, mas por conflitos psíquicos que mascaram problemáticas difíceis de serem elaboradas e que podem encontrar no corpo um gozo sintomático. Esses transtornos são abordados com o auxílio do cinema e da clínica, que testemunham o longo caminho em direção à cura.

O que vemos desfilar diante de nós é uma série de transtornos que envolvem o corpo que sempre esteve em cena como depositário do imaginário social. É a estrutura simbólica que dará ao corpo seu devido lugar, libertando-o das carapaças ou armaduras em que a moda e os costumes podem aprisioná-lo.

O que se revela pela castração simbólica é que o objeto perdido e nunca tido da pulsão encontrará guarida na fantasia, que, como tal, deverá ser tomada em seu estatuto de rede protetora frente ao real para que a fresta do desejo, portanto, da falta, acione o movimento do corpo.

O movimento constante da força pulsional acionado pelo desejo encontra inúmeras vicissitudes, entre elas, a histeria, que acaba por se estender não só ao nível do individual mas também do coletivo. Seus efeitos se mostram pela intensa produção de *gadgets*, que se oferecem como objetos para alimentar o desejo insatisfeito da histeria, item muito interessante abordado neste livro.

Remeto-me a uma passagem de Freud em que ele fala de sua paciente Dora. Ela diz a Freud que, durante uma visita a Dresden, demorou-se duas horas em frente à Madona Sistina, absorta em silenciosa admiração. Podemos pensar que a Madona, figura do feminino, ressoava em Dora justamente em sua feminilidade, ponto de silêncio em que não há resposta à questão do que é ser uma mulher.

O enigma do feminino se mostra aqui com suas consequências muitas vezes nefastas por evocar um gozo inapreensível para os homens. O Outro do feminino, não respondendo ao espelhamento imaginário capaz de refletir a luz fálica de seu parceiro, se torna ameaçador e, portanto, muitas vezes relegado ao silêncio. O que ocorre no campo do sujeito se estende ao campo do social, exigindo mudanças nos costumes e na educação.

Outro tema trazido é o suicídio, abordado de forma exemplar por meio do teatro. *O lago dos cisnes* serve de roteiro para se examinar o mais cruel dos ataques ao corpo.

O teatro e a dança servem de palco para o corpo como instrumentos de simbolização e manifestação de emoções que os corpos deslizam tal como a cadeia significante liberando os movimentos e possibilitando a travessia pelos caminhos da vida.

Falando em travessia, também numa análise ela acontece. O atravessamento da fantasia se mostra aqui numa referência ao filme *Um método perigoso*, em que se revela o buraco que aparece quando se rasga a tela da fantasia.

O percurso pelas incidências do corpo continua às voltas com a especificidade de cada relação, seja com o corpo materno, seja com o corpo da mulher, quando pela cultura de uma época o feminino é visto como algo aterrador, enigmático e perigoso, tendo de ser aprisionado ou queimado na fogueira.

O gozo do corpo se mostra aqui na experiência mística bordejando a fronteira entre a santidade e a loucura.

Embora o corpo da mulher seja alvo de uma diversidade de abordagens que o colocam em cena, livres ou aprisionados, o corpo masculino também passa por suas privações, destacando-se a castidade imposta por motivos diversos, sejam culturais, sejam religiosos, pela sublimação que dá forma às criações artísticas e culturais. Ao ser nomeado, o corpo perde seu estatuto de corpo para ser um nome do qual voltará a se separar após a morte. Isso rende muitas histórias e muitas crenças.

Uma das narrativas a ser destacada aqui é sobre "O corpo e o duplo de si", em que Caim e Abel, dois gêmeos idênticos, pagam um preço pela singularidade de cada um. A referência ao livro *Véspera*, de Carla Madeira, traz uma excelente versão atualizada do conto bíblico.

Outra questão que também se atualiza é tratada na seção a respeito do "Transgênero - do semblante à transexualização", em que ser homem ou ser mulher vai além das diferenças anatômicas, mas não sem elas. Paradoxo que nos faz lidar com cada caso como único, impondo uma escolha também única para cada um.

Vamos chegando ao final deste livro como se chega ao final da própria vida. Final anunciado pelo envelhecimento, tratado aqui como uma das vicissitudes do corpo, que passa a ter um protagonismo especial na cena, muitas vezes em conflito com o próprio sujeito do inconsciente devido ao descompasso entre o corpo e seu portador, que não encontra em seu inconsciente uma representação da velhice.

Este último capítulo, tanto da vida como do livro, fecha, digamos, com chave de ouro esses escritos, pois traz o Real do momento de concluir.

A construção do corpo na análise, a que Lacan se referiu como "corpo feito de arte", entra na dança dos discursos e dá seu ritmo, seu tom e seu estilo próprio à escrita de Cristina Medioli.

GILDA VAZ

Versões do corpo

IDENTIDADE CORPORAL, CONSTITUIÇÃO IMAGINÁRIA E SIMBÓLICA

O nascimento do ser humano é sempre um ato prematuro do ponto de vista psíquico, biológico e orgânico-funcional.

Diferentemente dos animais, o homem não sobrevive sem os cuidados do Outro. Vemos na natureza, por exemplo, que o bezerro, ao nascer, se levanta sozinho e procura a teta da vaca, já o bebê precisa que o Outro atenda a suas necessidades. Essa dependência é um dos fatores que condicionam o humano, frequentemente, a um contínuo espelhamento – antes no olhar e depois na fala do Outro –, pois, antes da palavra, a primeira forma de comunicação entre mãe e bebê é o olhar.

No princípio, para o bebê, o próprio corpo é uma extensão do corpo materno, constituindo uma única identidade. Observa-se, por exemplo, que o bebê leva as mãos e os pezinhos à boca, sem saber que lhe pertencem. Ele será capaz de conceber a própria imagem corporal unificada somente por volta de seis-oito meses de idade, quando, ao ser levado à frente do espelho, terá o corpo nomeado pelo outro: "Olha que bebê lindo... é você, que fofinho...". A imagem corporal será então unificada no espelho pelos significantes e imagens doados pelo Outro, pois, de alguma forma, a criança começará a se "ver" nessa fala. Como nos lembra Colette Soler, no livro *O que Lacan dizia das mulheres*, é a articulação da linguagem que faz com que o corpo seja "corporalizado de maneira significante".

O momento é de júbilo, mas, ao mesmo tempo, a imagem do corpo refletida no espelho é paradigma da outridade, já que mostra à criança um outro de si que, apoiando a mãozinha no espelho, tentará inutilmente tocar. O espelho não guarda as imagens nele refletidas e é então metáfora do Outro, sempre inapreensível.

A experiência do espelho é, porém, uma experiência fundamental e constitutiva. O corpo do bebê – fragmentado pra cá do espelho

– ganha unidade na imagem refletida, condensatória e antecipatória de uma maturação biológica ainda não alcançada, uma imagem outra, um Eu ideal.

No atendimento das necessidades corporais da criança – alimentação, limpeza etc. –, os adultos provocam estímulos nas bordas dos orifícios, que vão se caracterizar como zonas erógenas. O movimento do bebê, de sucção do seio, mesmo quando está dormindo, evoca algo que a necessidade fisiológica de alimento não explica.

Observa-se também que o controle dos esfíncteres pode representar uma forma de manipulação na relação da criança com o Outro.

As fezes são o primeiro objeto que ela "aceita" perder, separando-as do próprio corpo, e adquirem o valor de um dom que pode ser oferecido ou recusado. Ao mesmo tempo, podem ser uma forma de estimulação autoerótica, de uma região em que os cuidados de limpeza podem ter provocado sensações prazerosas.

Com a introdução da lei da cultura, o Outro da linguagem, visando à primária humanização do corpo do bebê, impõe cortes simbólicos, como por exemplo: a indução ao desmame, o pedido de controle das funções excretoras, etc.

São operações que transformam o corpo pleno em corpo habitado por uma falta, algo se perde no corpo e ganha representação na palavra, assim, nas zonas erógenas, um gozo é subtraído. Lacan, em *Radiofonia*, afirma tratar-se de um verdadeiro furto. Colette Soler, no mesmo livro, lembra-nos que é com a introdução da palavra que se origina a lalíngua, ou seja, a língua originaria e privada do par mãe-bebê, língua do Eros do primeiro corpo a corpo que encerra, com suas marcas, uma parte de gozo.

A linguagem faz do nosso corpo uma trama psíquica. O corpo habitado por uma falta, depois do corte operado pela palavra, será transformado, dessa forma, em corpo pulsional.

As crianças em torno dos quatro/cinco anos de idade, depois de terem experimentado o autoerotismo, começam a exploração sexual no outro sexo.

São experiências de descobertas da diferença; começa a fase dos questionamentos e dos porquês, e os pais, assim como todos os adultos de referência, são interrogados sobre vários aspectos que despertam a curiosidade das crianças, metáforas das perguntas sobre o sexo, que não têm ainda condições de formular.

É na idade escolar que a cultura, na tentativa de "domesticação" das moções pulsionais e uma desejada inserção no contexto social, reforça e intensifica as barreiras, impostas pelos pais, à livre expressão das pulsões nas crianças

Ganha corpo assim, nos ditames culturais, o Outro do Outro materno que, visando a uma sempre maior inserção na cultura, articula seus preceitos. Começa agora uma fase de latência, em que as estimulações corporais são mais reprimidas, podendo, inclusive, ligarem-se a um sentimento de culpa edípica, pois o primeiro objeto de investimento libidinal são sempre os pais. A criança vive então em um corpo desconhecido porque não pode ser explorado, estranho porque em contínua mutação, real na impossibilidade de ser todo significado. Será a fala do Outro que tentará dar um contorno simbólico ao imaginário, preparando a criança para a evolução. Ilustrações disso: "o dente que caiu era um dente de leite, daqui a pouco vai nascer outro definitivo no lugar dele... estas são suas alturas e seu peso hoje, daqui a poucos meses você será mais alto e mais forte...".

Veremos, nos próximos textos, que mais tarde, na adolescência, o desenvolvimento orgânico corporal, acompanhado pela maturação hormonal, trilhará novos caminhos em direção ao Outro, mas, com a queda do véu da fantasia, o encontro do Real do sexo mostrará a impossibilidade de ser apreendido.

Na adolescência, com a maturação biológica, os jovens descobrem um novo corpo. O aumento dos hormônios no organismo provoca inquietações antes desconhecidas, aumenta a sensibilidade ao toque, e as novas secreções e os novos cheiros, antes ignorados, geram grandes inquietudes tanto nos meninos quanto nas meninas.

São corpos que despertam na vertente de real e cujo gozo nem os jovens nem os adultos de referência sabem contornar simbolicamente. Algumas mudanças corporais são mais externas e, por isso, mais difíceis de administrar, já que não passarão despercebidas ao olhar do outro, por exemplo, a barba ou a mudança do tom de voz nos meninos, e, nas meninas, o crescimento dos seios ou o aumento dos pelos no corpo a velar as partes íntimas, ou o ciclo menstrual com o sangue a lembrar a fenda no corpo da mulher, a ferida lá onde supostamente estava algo.

Na clínica, observamos o relato de uma paciente que, lembrando a adolescência, diz: "eu usava óculos nas aulas, mas ninguém podia saber, de um lado tinha a parede, do outro eu tampava a armação com os cabelos, usava só para olhar longe, mas os retirava quando olhava para os lados".

O olhar longe pode ser também um deslumbre e uma projeção sobre a vida adulta. Nesse caminho é necessário que o adolescente busque um "arranjo" – armação, no caso dos óculos dessa paciente – que, sustentando a visão do futuro, facilite seu advir como sujeito. Os óculos, porém, têm que ser retirados ou escondidos debaixo dos cabelos, já que de perto podem ser vistos pelo outro, pois, denunciando uma falha na visão, seriam marcas da própria castração.

Entre as outras manifestações, a erupção da acne é uma das marcas simbólicas de uma passagem à vida adulta, necessária válvula de escape no novo corpo em ebulição hormonal, mas rejeitada no psiquismo, porque vista como uma mancha na nova identidade que está por vir.

No livro *Uccidersi – il tentativo di suicidio in adolescenza*, observa-se que adolescentes têm que fazer um complicado processo de reconhecimento mental das transformações corporais, difícil de ser traduzido em palavras. Desde o nascimento, antes da compreensão da fala, o olhar era a forma de comunicação mais íntima e profunda entre a mãe e o bebê. Frente às novas mudanças, muitas vezes indecifráveis, os adolescentes voltam frequentemente a essa forma de comunicação pré-verbal, falando do corpo através de imagens. Carentes de significantes, os jovens têm dificuldades de fazer falar o corpo com as palavras e o tornam comunicativo com o uso que dele fazem, vestem-no, engordam-no, emagrecem-no, tatuam-no, marcam-no de várias formas.

Na falta de novos vocábulos para falar do corpo, adolescentes criam imagens para falar com o corpo. Assim, o culto da imagem adquire um valor superlativo.

Cito Lacan, quando este nos diz que a imagem antecipa, no espelho, a maturação corporal, e a palavra introduz alguma representação. Considero que essa experiência primeva é o fundamento da importância da relação imaginária que o sujeito tem com o próprio corpo, principalmente na atualidade, em que o culto do imaginário condiciona os nossos sistemas de valores, arvorando-se também nas dinâmicas relacionais, carentes de referências simbólicas.

Ainda no *Uccidersi*, citando Baudrillard, superado o estádio do espelho que é constitutivo da imagem corporal, temos hoje um "estádio de vídeo" que define um novo campo narcísico das relações intersubjetivas.

Observo que, mais uma vez, como no espelho, a nossa imagem nos retorna de forma invertida, assim como nosso desejo. A imagem que o Outro tem de nós nos causará a busca do nosso desejo. Assim proliferam postagens de corpos perfeitos, fotos de lugares encantadores, felicidades construídas só para serem mostradas.

A tela do vídeo, ao mesmo tempo em que revela, pode esconder as verdades mais íntimas e singulares do sujeito, que é sempre fugaz e inapreensível. A proliferação narcísica imaginária será então correlativa de uma disfunção do contorno simbólico.

Para adolescentes envolvidos em um complexo processo de redefinição da própria identidade, fica sempre mais difícil dar significado às experiências, menos intimistas e mais plagiadas pelos ideais do grupo. Devido ao desejo de reconhecimento e aceitação, tornam-se mais vulneráveis e mais facilmente acometidos pelo sofrimento psíquico.

Acredita-se que a imagem diz tudo, ou quase, daí a propagação indiscriminada e compulsiva nas redes sociais.

É comum, por exemplo, entre jovens, a atitude de fotografar o alimento, antes de a refeição começar, comportamento inclusive suportado pela linguagem, pois se costuma dizer que se come com os olhos também.

A partir do momento em que se alimentar não é mais somente uma questão de sobrevivência e que, às vezes, come-se mais que o necessário, delineia-se no ato de comer a sua vertente de gozo. A ação de comer é registrada nas fotos, assim a apreciação visual do alimento se antecipa e interfere e condiciona a degustação.

Adolescentes transitam irrestritamente entre o espelho e o vídeo, e frequentes são as postagens autorreferenciais. Frente às transformações dessa etapa evolutiva, no espelhamento, procuram se reencontrar e buscam a resposta ao enigma "quem sou eu?"; nas *selfies* e nas postagens, "como o outro me vê?" é a questão. Acrescentam-se assim mais duas perguntas a "que queres?", pergunta fundamental das crianças.

Constatamos, por vezes, nas postagens compulsivas de *selfies*, a tentativa de provar a própria existência, já que não conseguimos nos sentir existindo. Melhor ainda se for um "autorregistro" junto de alguém famoso cujo certificado de existência seja validado pela mídia e que possa, assim, dar respaldo a nossa existência. Entretanto a foto é também a imagem da nossa ausência, pois nós existimos fora dela. Um clique de uma foto pode ser algo que transforma um momento transitório em algo duradouro e pode, de alguma forma, tentar contornar a angústia da finitude da vida e transmitir ao Outro algo de nós, mesmo entre os tantos indizíveis. Uma foto pode permitir ao Outro um olhar mais pausado e uma outra leitura de nós ou, ao contrário, se a gente quiser, transmitir um semblante nosso.

O livro *Uccidersi* explica também que nossa identidade imaginária nunca nos representa por inteiro, há sempre um resto, um real do corpo como algo indefinido que angustia, pois impossível de ser significado.

Observamos que adolescentes vivem isso de forma mais perturbadora ainda, os significantes paternos não os amparam mais, e têm que se confrontar com um corpo duplo: o corpo da primeira infância, inocente, todo-poderoso e familiar; e o corpo púbere novo, no qual as transformações físicas (excitações, secreções etc.) trazem sensações de culpa e vergonha. São corpos não representáveis, porque lugares de vivências desconhecidas.

A maturação biológica com a aparição das características sexuais secundárias, que contribuem para consolidar as identidades de gênero, deveria produzir representações mentais idôneas, dando significado relacional à nova corporeidade.

A mentalização do novo corpo, todavia, pode se tornar difícil, pois o conflito entre a velha e a nova imagem pode atrasar o processo de renovação da imagem corporal, gerando um ambíguo investimento no novo corpo, considerado o principal responsável pela perda e pelo luto do corpo infantil e dos privilégios que ele trazia, assim como o promotor do distanciamento das figuras parentais e dos amigos que se encontram em outra etapa evolutiva.

Pensar no corpo significa tentar representá-lo na totalidade, dar significado social, sentimental, erótico e também hipotetizar o desenvolvimento, a decadência e a morte, e dar sentido às experiências do desejo, que na adolescência podem se tornar ingovernáveis e perturbadoras.

O corpo se torna um lugar onde forjar a própria identidade, por isso, torna-se objeto de investimento afetivo intenso. Em nenhuma outra época da vida acontece de amar e odiar com tanta paixão o próprio corpo, cuja aparência é agora fortemente questionada por se tornar a representante da identidade física e de gênero, com a qual se ganha acesso ao mundo relacional.

O novo corpo será, além de tudo, o palco onde serão encenados os novos conflitos, por isso, as passagens ao ato são tão frequentes entre os jovens. Para os adolescentes, é difícil confrontar-se com as características peculiares do novo corpo, sexuado e generativo, pois isso significa também a busca da inexistente complementaridade dos sexos, sustentada na fantasia. O novo corpo tem autonomia limitada, busca ilusoriamente no outro a própria completude, renunciando à onipotência infantil. Mas é difícil efetuar uma revisão dos valores e aceitar essa nova realidade, visto que, para ocasionar novos encontros, novas e inéditas competências precisam ser desenvolvidas. Difícil é também aceitar a realidade do corpo biológico, pois, se há evolução, haverá também, no final do caminho, a morte. Além do mais, alguns adolescentes não compreendem o sentido das excitações sexuais, porque a latência os afastou do corpo e dos seus segredos, que agora voltam a se manifestar, trazendo à tona as inquietações dessas incógnitas.

Os adolescentes, cujos corpos na infância estavam entregues ao cuidado da mãe, têm dificuldade agora de se verem como uma entidade separada dela. Seria mais fácil se subjetivar se o corpo não pertencesse à mãe e não tivesse sempre que prestar contas a ela do uso que dele se faz. Atacar o próprio corpo pode, portanto, significar fazer um corte profundo nessa relação, uma fenda na relação dual e opressora que impossibilitava ao jovem e à jovem a saída do campo materno.

Alguns adolescentes escolhem a passagem ao ato, que pode desabrochar na atitude suicida, como única via de saída. De forma que, jogar-se da janela, por exemplo, pode significar também entrar na mãe-terra, metáfora da relação simbiótica e opressora mãe-filho, da qual não foi possível, em vida, cortar as raízes. Vale ressaltar também que os adolescentes que apresentam dificuldade de conquistar uma representação mental clara das suas corporeidades têm dificuldade com representações da própria finitude, e a ideia de que matar o corpo atual significa adquirir um corpo novo é para ser vista dentro de um processo de ruptura da realidade e de atraso no processo evolutivo.

Uma atenção a mais merecem também os casos de filhos e filhas adotivos, especialmente, se oriundos de outros países. Devido à origem diferente, aos adolescentes de outra nacionalidade, diante da angústia do crescimento, falta um possível espelhamento nos amigos, agora que os pais não podem mais servir de referência.

Matar o próprio corpo poderia significar, a eles, voltar à mãe-terra, finalmente, à deles também.

O *Uccidersi* continua fazendo uma análise da cultura que, visando conservar a inquestionabilidade dos valores da sociedade e a integridade dos núcleos familiares, sempre repudiou a atitude suicida. No tempo do fascismo, por exemplo, na Itália – mas, em geral, em todos os regimes totalitários –, o suicídio era visto como um enfrentamento aos ideais de coesão da sociedade, que tentava passar uma ideia de suposta harmonia e exigia adesão total a esses valores.

Do ponto de vista ético e religioso, o corpo não nos pertence, é criação de Deus. Para Santo Agostinho, matar-se é violação do mandamento "Não matar". Dante, no "Inferno", nega a forma humana a quem se matou. Lembramos também que por muito tempo foi proibido aos familiares de um suicida, que eram até privados dos bens, dar sepultura aos entes extintos.

Do ponto de vista da psiquiatria, o suicida foi considerado, por muito tempo, um enfermo mental. Matar-se, entretanto, em algumas culturas, é considerado mais digno do que viver. Por exemplo, antigamente, prisioneiros de guerra ou escravos podiam se matar para se resgatar da vergonha narcísica, evitando o assujeitamento.

Nos casos de eutanásia, liberar-se do corpo pode significar pôr fim a um sofrimento insuportável ao sujeito. Mas observamos que, apesar de algumas poucas sociedades – como a Suíça – permitirem legalmente a eutanásia, a maioria ainda não conseguiu chegar a uma decisão sobre uma questão que diz respeito à individualidade e ao possível arbítrio de cada um sobre a interrupção de inaceitável sofrimento.

Na ética da nossa cultura sempre se evitou falar da morte, muitas vezes, aos jovens é proibido ver o cadáver de um parente falecido, especialmente quando o corpo leva sinais de morte traumática. Casos de suicídio, geralmente, não são divulgados, os corpos são ocultados sob um lençol ou dentro de saco plástico, criando um véu em torno da imagem do desfalecimento corporal, do qual os jovens não terão, por conseguinte, uma imagem real. Assim como debaixo do véu da fantasia sobre o Real do sexo, os jovens descobrem que não há nada para o Real da morte, não haverá representações possíveis.

No passado, os rituais marcavam aos jovens um tempo simbólico, que operava como marca de passagem para uma nova etapa evolutiva. Hoje em dia, algumas marcas no corpo, tão frequentes nos jovens – tatuagem, *piercing* ou, até mesmo, as automutilações –, interrogam-nos a respeito do valor simbólico dessas atitudes. O corpo manifesta um novo dizer, pois a referência aos pais, agora, depois do deslumbramento das fantasias infantis, torna-se enganosa, e a referência aos amigos torna-se inconfiável, frente ao estranho que aparece.

O real escapa a uma simbolização, ficam então essas marcas de gozo no corpo, com o sentido metafórico que elas acarretam. A clínica nos mostra exemplos como o de um adolescente que se julgava impotente e havia pedido para tatuar um dragão perto das genitálias, e o de uma adolescente que, ainda do ponto de vista edípico, muito ligada ao pai historiador, fez uma tatuagem com algarismos romanos no braço. Podemos ver, nessas atitudes, a intenção de dizer, com o corpo, algo difícil de ser significado. Observamos também o caso do jovem que se matou em um hotel de propriedade da família, atiçando fogo no corpo e no entorno, reduzindo tudo a cinzas.

Aos pais, esses empreendimentos eram o resultado dos esforços de uma vida, mas eles tinham deixado os filhos fora das prioridades e das dinâmicas de troca efetiva. Queimar algo é cancelar a existência, para que algo novo possa advir. O rapaz, tantas vezes negligenciado pelos pais, mata-os simbolicamente com a destruição do hotel e consegue, enfim, com a morte do corpo, dar um valor real à própria existência. Um gesto extremo, executado em profunda crise narcísica, para quem sabe, saindo de cena, extinguir a dívida para com o pai, depois de uma vida inteira acompanhada da sensação de nunca corresponder aos ideais familiares.

A ADOLESCÊNCIA COMO SINTOMA

No século XIX, as crianças não tinham uma colocação na sociedade até a idade escolar ou da alfabetização, quando a cultura, visando a uma domesticação das pulsões infantis, reprimia a livre expressão.

A infância adquiria assim um valor social, logo no momento em que começava um período de latência das pulsões, até o despertar da puberdade. Esse despertar, considerado o começo de uma nova estação da vida, sensibilizou a sociedade a um novo olhar sobre os jovens, o que contribuiu com a conceitualização do fenômeno da adolescência.

Adolescentes se manifestam em um mundo relacional que vai além dos limites dos laços familiares, nasce assim a exigência de enquadrá-los no contexto social.

Na língua portuguesa, é comum referir-se à adolescência como "aborrescência", pelo espanto que, nessa fase, as mudanças, muitas vezes radicais dos jovens, provocam nos adultos. Na língua italiana, em forma dialetal, fala-se de idade da "stupideira", referindo-se, entre outras coisas, aos comportamentos inconsequentes de jovens.

Definições estas que tentam representar, para nós, um Real que os adolescentes põem em jogo, mas cujo significado nos escapa.

Em resposta ao impossível de dizer, que aparece na puberdade, frente à inexistência da relação sexual, desvendada com a queda do véu da fantasia, os adolescentes podem estruturar um mecanismo de defesa sintomática. No texto "Adolescência, sintoma da puberdade", Alexandre Stevens diz: "puberdade seria um dos nomes da inexistência da relação sexual, e adolescência seria uma resposta sintomática possível que o sujeito vai dar a isso". E, ainda: "[...] adolescência é a idade de uma grande variedade de respostas possíveis a este impasse que é o surgimento de um Real, próprio da puberdade".

A procura de respostas possíveis é justamente o árduo trabalho que caracteriza o surgimento da crise de adolescência, a qual o jovem pode responder com a formação sintomática ou com a recusa autística, em que, na falta da relação sexual e na opacidade do outro, há um fechamento do sujeito em um gozo solitário, sem interação com o Outro da alteridade. Outra possível resposta é a passagem ao ato – atitudes radicais que podem pôr em risco a vida dos jovens –, e a atuação suicida pode vir a acontecer.

Poderia tratar-se de uma atuação de um sujeito acéfalo que, saindo de cena, demostra um não querer saber da própria verdade e do que o causa. Não há aqui então um objeto causa de desejo, mas sim um fechamento em volta do gozo do objeto, em que o Outro é ejetado da cena. Já o *acting-out*, também comum entre os jovens, tem valor de representação e é uma mensagem direcionada ao Outro, um pedido de ajuda e socorro.

Adolescentes em crise têm que lidar com as mudanças biológicas trazidas pelo amadurecimento das características sexuais secundárias, que comportam uma redefinição libido-pulsional.

A identidade corporal é assim posta em cheque, os jovens descobrem ter um novo corpo no qual não se reconhecem, porque é um corpo que tem manifestações que fogem do seu domínio e cujo significado desconhecem.

É um corpo sexuado que precisa relacionar-se com outro corpo. O momento é traumático, pois, logo agora, os adolescentes descobrem que, debaixo do véu da fantasia sobre a sexualidade, não há nada, não há relação sexual.

Domenico Cosenza, no livro *Il Cibo e l'inconscio*, fala dos três tempos lógicos da iniciação sexual na adolescência.

O primeiro tempo lógico é aquele da instauração de um véu em volta do enigma da sexualidade. O véu é construído na atividade onírica, que permite uma representação fantasmática e inconsciente da relação sexual.

Cosenza, citando Lacan, diz: "Os meninos não saberiam o que é fazer amor com as meninas, sem o despertar dos próprios sonhos".

Talvez possamos imaginar este véu como uma espécie de cortina feita de recortes de atividades oníricas, que se fecha sobre o Real da inexistência da relação sexual, oferecendo um anteparo frente à angústia avassaladora que esse furo no Real provocaria nos jovens, levando-os a uma desestabilização.

O segundo é o tempo do trauma, pois mostra aos jovens que, ao levantar o véu sobre o mistério da sexualidade, debaixo não há nada.

Imaginamos metaforicamente um teatro, no palco, o espetáculo está para começar, mas, levantando-se as cortinas, não há atores encenando, porque não há um Real possível de ser representado, cada espectador deverá construir e representar a própria cena. A cada sujeito caberá sempre escolher qual cena representar no palco da vida.

O primeiro tempo da fantasmatização inconsciente e o segundo do trauma e da subjetivação da castração simbólica levam ao terceiro: o tempo da decisão.

O sujeito pode resolver entrar no jogo da vida amorosa, aceitando a perda do gozo que a castração comporta, contudo, sem perder a construção singular em volta da sexualidade ou fechar-se no gozo autístico, ilimitado. O sujeito pouco saberá do gozo do outro, que nunca será relacional, proporcional ao dele, mas será a própria construção fantasmática que lhe permitirá situar-se na cena da sexualidade.

No texto, Alexandre Stevens nos lembra que para o Lacan, do final do ensino, o sintoma não é mais considerado como de estrutura fundamentalmente simbólica, significante ou como vindo no lugar do pai, mas antes como originado fundamentalmente do gozo, como modo de gozo do sujeito. O sintoma nasce então como solução de compromisso que organiza, na relação com o gozo, algo de possível diante do encontro com o impossível.

A adolescência seria, dessa maneira, a enumeração de uma série de escolhas sintomáticas em relação ao impossível, encontrado na puberdade. Segundo Stevens, J. A. Miller definia a não-relação sexual de maneira muito simples, na observação da vida animal. Quando um macho e uma fêmea se encontram, o instinto lhes permite saber o que fazer frente ao outro sexo. Para os animais, o instinto é um saber sobre o Real. Para os humanos, é uma aprendizagem que passa pela palavra do Outro, visto que não há um saber *a priori*. Além do mais, o que tem de originário no sujeito é reprimido na tentativa de domesticação pulsional.

No filme *A lagoa azul*, vemos que duas crianças vítimas de um naufrágio, adolescem juntas na solidão de uma ilha selvagem e aprendem, experimentando emoções no próprio corpo, o que é viver uma relação sexual.

É no afago das carícias, na intimidade dos beijos e no arrepio dos toques que o horizonte se abre a uma nova realidade. Temos aqui uma rara experiência, na qual talvez algumas marcas da cultura e da linguagem são suplantadas pelas marcas das vivências corporais, e até o Real da gravidez precoce é vivido de forma natural e harmoniosa pelo jovem casal.

Não é dado saber como as marcas da cultura teriam interferido nas vivências deles que viveram o tempo da adolescência ilhados. É possível, entretanto, que a falta do trauma – do desvendamento sobre o Real do sexo que acomete os demais adolescentes – tenha-os levado a experimentar vivências menos sintomáticas, sempre lembrando, porém, que não podemos excluir os efeitos da cultura exercidos enquanto eram crianças, antes do naufrágio.

Concluindo, lembramos que infância e adolescência são dois conceitos criados no social. Segundo Stevens, a adolescência teria em vista a escolha individual e, portanto, particular do sujeito.

As respostas ao impossível revelado na puberdade podem levar a uma adolescência sintomática, em que o sintoma faz compromisso com o Real e resgata, por consequência, uma parte do gozo.

Mas a adolescência é também um período de subjetivação, independências e criação.

Empenhados no esforço de construção que a adolescência comporta, os jovens podem ser descobridores de novos valores. Podem, além disso, redescobrir valores que, nós adultos, já tenhamos esquecido e, infelizmente, nós às vezes não temos mais a coragem de levantar essa bandeira.

Do outro lado, consideramos, entretanto, que temos jovens que são excessivamente influenciados pelos novos valores sociais e imaginários e que, na falta de simbolização, acabam se perdendo lá onde queriam se encontrar.

ADOLESCÊNCIA – O CORPO EM CENA NA QUEDA DE UM IDEAL IDENTITÁRIO

Na reviravolta hormonal, emocional e cultural que a adolescência comporta, algumas das questões que provocam os jovens são as da ética e do respeito. Adolescentes querem ser vistos e reconhecidos na nova imagem que irão assumir frente ao mundo agora que, envolvidos na desidealização dos valores paternos, estão procurando novos ideais de referência. Os jovens estão totalmente envolvidos nas questões referentes à conduta humana, suscetíveis de qualificação no que diz respeito a bem e mal. É um processo difícil, por isso, os jovens acham que aderir a ideologias do grupo é mais confortável, pois dá um contorno a aspectos, de outra forma, difíceis de serem assimilados e elaborados.

O filme *A onda*, de Dennis Gansel, é um importante testemunho das dificuldades dessa fase de passagem.

"Contra o que a gente vai se rebelar? Parece que nada mais vale a pena... Só queremos diversão... Nós não temos um objetivo comum para unir a gente..." Este furo na cultura, com consequente falta de referência simbólica e imaginária, é o cenário onde ganha forma o movimento da onda, que dá título ao filme, homônimo.

Estamos na Alemanha dos anos 1960, época pós-ditadura, e o nazifascismo é relembrado com a provocação de um professor, em sala de aula, que instiga os alunos a darem exemplos de autocracia.

Alguns ficam incomodados: "O nazismo era uma droga, já entendemos isso, mas também não podemos ficar culpados por algo que não fizemos [...]".

A alguns jovens, a dívida para com a cultura que os antecede parece se somar, portanto, à dívida com o pai, além de todo o peso de uma culpa difícil de sustentar.

Outros afirmam que é preciso falar disso, pois é uma questão de responsabilidade histórica. E alguns relembram a existência de grupos neonazistas na atualidade. Mas a opinião dominante é de que outra ditadura seria impossível na Alemanha: "Estamos além disso" é o comentário de um dos alunos.

Assim, na base dessa falsa premissa e com o intuito do professor de mostrar como um movimento autocrático funciona, começa uma semana de "experimentação" de um regime autocrático.

É dessa forma que o movimento da onda nasce e se propaga: "Não importa quem é mais bonito, o mais popular, ou o que tem mais sucesso, a onda nos tornou iguais. Pertencer a um movimento deu significados a nossas vidas, juntos podemos fazer qualquer coisa..."

Assim falam os jovens protagonistas do filme, na identificação com o grupo, eles se redescobrem, encontram nos ideais comuns um valor suplementar e sugestivo que se impõe mais firme quando existe um adversário contra o qual lutar juntos.

O "inimigo" está logo aí, no andar de baixo, onde se leciona sobre anarquia. O professor é mais velho, os métodos de ensino, mais tradicionais, mais rígidos, nada de novo pode se propagar: "que horror", dizem alguns alunos e, ainda engajados na nova experimentação, comentam: "Vamos fazer exercícios físicos, bater forte os pés ajuda a circulação, oxigena o cérebro"; melhor ainda se, no andar de baixo, encontram-se os excluídos, aqueles que não são levados pela força motivadora da onda.

Entretanto, a situação familiar e as características de alguns alunos começam a nos ser reveladas.

No caso do jovem Tim, vemos um rapaz angustiado que, diante da pergunta do professor – "quais são os principais requisitos para um regime de autocracia?" –, responderá: "insatisfação".

É assim que Tim vive na família, ao tentar relatar os novos acontecimentos da escola, no desejo de compartilhar o entusiasmo com os familiares e despertar o interesse, principalmente do pai, veremos que este logo sugere que o jovem se cale, devolvendo-o a uma inquietante solidão.

Na falta do desejo paterno, necessário até mesmo para se opor a este, não há transmissão de herança. O jovem afunda no vazio que clama pelo surgimento de novos ideais, que o sustentem na difícil passagem da adolescência à idade adulta, da qual um novo sujeito tem que surgir.

Tim tenta fazer laço com os colegas da escola, oferecendo-lhes gratuitamente algumas drogas, pelas quais se arriscou muito. Entretanto, ele já parece fitar a opacidade do laço com o outro. Ele precisa de algo a mais, precisa que o outro responda a sua demanda.

Mas a demanda é sempre de amor, de aceitação. Assim ele pergunta, a título de retribuição pelo favor prestado: "vocês são meus amigos, não são?"

Tim continua procurando pontos firmes na teia construída pela precariedade das relações humanas. Cada fio, ao ser tecido, aproxima-se e se apoia no outro. À medida que o tecido – nesse laço simbólico e imaginário com o outro – ganha mais espessura, o buraco da castração parece desaparecer. Por isso, os jovens alunos afirmam: "quando podemos confiar um no outro, conquistamos muito mais, mesmo que isso signifique sacrificar a nós mesmos... Juntos, podemos fazer qualquer coisa..., a onda é a resposta".

Tim vai tentar encontrar, no professor, um substituto do pai e vai até a casa do mestre, forçando uma relação de empatia, que se manifesta na aderência massiva aos ditames do movimento da onda.

Ele é inicialmente acolhido, mas, depois, o professor, talvez por intuir que eventualmente só pode responder às perguntas, e não à angústia implícita na demanda desse aluno, convida-o a retirar-se.

Tim acusa a desfeita, mas volta pra casa e, numa tentativa de resgate do simbólico e do imaginário, veste a camisa branca, aquela escolhida como uniforme do grupo, no qual todos queriam ser iguais, e queima as outras roupas, pois estas não o identificam mais e não dizem nada a respeito dele. Será que a nova camisa poderá encobrir a angústia?

De outro lado, o grupo dos alunos liderados pelo professor começa a ganhar força, adquire um vestuário próprio, um nome premonitório do movimento que vai gerar – "A onda" – e adquire um sinal de reconhecimento que é o gesto com o braço imitando o movimento da onda, que devem fazer ao se cumprimentar aqueles que, na onda, reconhecem os próprios ideais.

Essas atitudes simbolizam o pertencer a uma corrente ideológica que, contando com rigidez e austeridade, oferece uma direção importante, que segue a desidealização dos pais e dos valores culturais e societários.

Agora eles afirmam com orgulho: "É melhor ser parte de uma boa causa, ter ideais pelos quais vale a pena lutar [...]. Não se pode impedir a verdade. Temos a oportunidade de escrever a história. Qualquer opositor será levado pela onda".

Entretanto, escrever a história é tarefa difícil para quem, como Tim, teve na transmissão da rígida lei paterna uma pobreza do simbólico.

Inspirado por esses pensamentos, os alunos saem em grupo para pichar a cidade com o símbolo da onda, no qual agora, principalmente aqueles que eram os mais inseguros, insatisfeitos, desorientados e perdidos na própria solidão, podem enfim se reconhecer.

O professor, contudo, advertido por sua mulher e pelas considerações críticas de duas alunas, começa a intuir que o experimento está saindo do controle, já que, como o movimento de uma onda, está se espalhando, adentrando um mar do qual será difícil depois controlar a força. Seguindo o seu método de ensino, o professor, baseando-se na representação virtual dos eventos, convoca uma assembleia geral e finge instigar os alunos a aderirem aos princípios rígidos da ditadura, que mostram total intolerância aos que não acatarem seus postulados.

Dessa maneira, Marco, o aluno que questiona os valores da onda, é quase linchado, e o professor deixa os "seguidores" totalmente desconcertados quando aponta o fato como a comprovação da possibilidade, ainda existente nos dias de hoje, de uma ditadura usurpar os valores democráticos.

A onda, que como a onda do mar tem um movimento de volta, retorna agora com seu poder destrutivo.

Tim, que parecia ter encontrado um substituto para a função paterna no professor, depara-se agora com a dureza da realidade adversa, com um novo luto de ideais. A onda, com todo o recurso simbólico e imaginário, acabou, trazendo consigo o espanto de um Real não mais possível de ser contornado.

Consequentemente, Tim faz um *acting-out* – com uma arma, dispara um tiro e fere o colega que duvidava das suas intenções ameaçadoras. Em seguida, literalmente devastado, afirma: "Agora vocês vão me levar a sério, a onda era a minha vida [...]". Ao final, ele se suicida, nada mais poderá resgatá-lo, a onda o fez afundar naquele mar que, metáfora de um Real impossível de ser contornado, engoliu-o sem piedade.

AS AUTOMUTILAÇÕES NA ADOLESCÊNCIA – O CORPO COMO FUNÇÃO DE ESTANCAR O GOZO

As mídias divulgam frequentemente casos de *bullying* sofridos pelos jovens nas escolas, academias e até mesmo nas próprias casas. Algumas reportagens abrem uma janela assustadora para essas práticas de humilhação e exclusão do sujeito, que são sempre mais presentes na atualidade e que têm a consequência alarmante de induzir a uma dessubjetivação do Outro. Muitas vezes, as vítimas respondem com a prática de atos de automutilação ou até mesmo saindo de cena, como na irreversibilidade de um ato extremo como o suicídio.

No relato desses jovens, ouvimos queixas de grande solidão e tentativas ineficazes de comunicação, principalmente com os pais, que muitas vezes não veem os cortes no corpo, não falam com os filhos, dificultando a verbalização e a compreensão da dor, e não ouvem os gritos de ajuda que eles lançam ao Outro.

Na reportagem "Cicatrizes da Tristeza", uma menina molestada pelo próprio pai perguntava-se sobre o sentido da vida – "por que se vive?" – e continuava afirmando que, para ela, a dor de viver amenizava ao se misturar com a dor dos cortes no corpo. A violência desse pai sobre a filha traz de volta um Real do corpo como libra[1], como pedaço de carne que pode então ser desfrutado. É um corpo objeto, esvaziado de atribuições afetivas. Fora da cadeia significante, o que faz corte no Simbólico volta como ferida no Real do corpo, assim vemos, nesse caso, que a angústia do trauma, que não pode ser compreendido, encontra uma parcial vazão no sangue que escorre das feridas.

Leila Mariné Guimarães, no texto de apresentação do filme *De gravata e unha vermelha*, pergunta-se: "Em que momento aparece a falta de significante?", e responde: "Na dimensão subjetiva da pergunta: 'quem sou eu?'"

A menina violentada é totalmente objetificada, há uma supressão de identidade, e nas perguntas direcionadas ao Outro – "O que queres, quem sou eu?" –, ela percebe a própria mortificação como sujeito – "por que viver então?" É no furo do Simbólico que ela se perde e cai como objeto: um puro pedaço de carne.

Um menino entrevistado afirmava ter conseguido parar de se cortar quando começou a namorar uma moça. Observamos então que o laço com os outros faz uma amarra e restabelece uma liga-

---

1. Libra de carne, do inglês *the pound of flesh*, representa um sujeito tratado como um objeto, ou seja, um pedaço de carne.

ção com a vontade de viver, suprindo, portanto, a necessidade de transferir ao Real do corpo aquilo que é impossível de dizer.

Em todos os casos entrevistados, o corpo se fez destinatário de um mal-estar que impeliu o sujeito a um comportamento autodestrutivo. Os cortes e furos no corpo foram lugar de vazão de dor psíquica, um perigoso caminho, às vezes sem volta, pois junto à dor corporal se misturava uma quantidade de adrenalina tão elevada que parecia provocar uma estranha excitação no corpo, um gozo que os impelia a repetir a ação.

Pode vir a existir, entretanto, para alguns jovens, uma saída à dor psíquica que não atinge mais o Real do corpo. Alguns adolescentes, que conseguiram parar com as automutilações, aceitaram ser entrevistados, pensando que o relato da própria experiência pudesse servir de exemplo para outros jovens.

Dessa forma, inclusive, voltaram a fazer o laço com o Outro, que tinha sido desfeito no isolamento, na depressão e na solidão das automutilações.

Falar, ser ouvido, ser visto os resgatou daquele sentimento de insignificância que a vida tinha assumido para eles.

A mediação do corpo com suas marcas de dor foi a saída que esses jovens encontraram para serem vistos e reinseridos na cena social.

Contudo, é um caminho difícil de ser percorrido, pois o Outro não garante, e se o grito de socorro não for atendido, se a linguagem corporal não for interpretada, o sujeito pode perder-se sempre mais no buraco que o separa do Outro, deixando que o próprio corpo seja lugar privilegiado da manifestação do Real.

CORPOS QUE DESAFIAM A ORDEM SOCIAL

O homem se define
Pelo que o inquieta,
Não pelo que o assegura.

ELIE WIESEL

Em uma ideologia heteronormativa, a sociedade, para preservar a ordem e a harmonia entre o sujeito e o social, cria categorias-padrão dentro das quais, supostamente, cada sujeito deveria enquadrar-se. Entretanto é difícil para alguns jovens se enquadrarem no binarismo da sexuação, homem ou mulher.

Cada ser humano, a partir da adolescência, é convocado a se inscrever com seu corpo no discurso social, definindo a própria sexuação. Isso se torna mais difícil hoje para os jovens. No momento crítico da descoberta da não-relação sexual, eles se deparam também com a escassez de referências simbólicas claras para definir o masculino e o feminino, pois, além da realidade anatômica, terão que ser consideradas as múltiplas formas de gozo. Entretanto, lá onde algo não se inscreve no discurso social, há possibilidade de invenção. O que fazer com o diferente?

Para alguns, a resposta vem de um longo e sofrido processo de transformação.

No livro *Mais além do gênero: o corpo adolescente e seus sintomas*, no capítulo "O transexual como norma: desafiando os discursos", temos o relato de um menino que, ao ser preso por um ato infracional, comenta: "eu não sou o que você está vendo, você nunca ouviu falar de mim? Eu sou um travesti. Meu corpo foi 'desmontado', o cabelo foi cortado, as roupas substituídas pelo uniforme masculino, e o uso do hormônio feminino foi interrompido".

A jovem demanda então os hormônios para remontar o próprio corpo, invadido, usurpado e desqualificado pelo Outro.

O nosso corpo se constrói marcado pelo desejo do Outro e às vezes pelo seu gozo, para Luiza (nome fictício, escolhido por esse rapaz) é necessária uma remontagem de um corpo pulsional idealizado, no qual ela possa apoiar a própria identidade sexual e as particularidades do próprio gozo. Ela almeja um corpo que não seja resultado das relações de poder e efeito do discurso e um espelho que não reflita mais o imaginário social, que tenta coisificar nosso ser.

Existem duas possibilidades para o ser humano sexuado: adaptar-se à própria realidade anatômica e ao discurso social que define universalmente o que é ser homem e ser mulher ou inventar algo no singular, dando novas aberturas ao próprio gozo. Trata-se de aceitar e então convalidar a própria unicidade.

Os transexuais, convencidos de não pertencerem ao gênero com o qual vieram ao mundo, tomam o significante da diferença sexual pelo significado, assim, na base dessa falsa premissa, demandam a retirada do órgão.

Um dos primeiros casos que a ciência relata é do começo do século passado. E é narrado no filme *A garota dinamarquesa*: Einar é invadido por inquietantes sensações, quando a esposa, Gerda, querendo uma modelo para os quadros que pinta, incentiva-o a vestir as roupas dela.

Dentro das molduras dos quadros, Gerda reproduz a tela da própria fantasia, em uma imaginária apreensão do objeto *a* que sempre lhe escapa e a induz sempre a novas pinturas, nas quais o objeto muda de roupagem, transforma-se em mulher e, no empuxo de um novo gozo, inevitavelmente ainda lhe escapa.

Aos poucos, as transformações se tornam frequentes, e o marido, agora Lili, em busca de uma identidade feminina, depois de se reconhecer no espelhamento que os seus retratos lhe oferecem, vai atrás do reconhecimento do Outro social que lhe reflita sua nova identidade. Começa assim a frequentar festas na sociedade, criando confusões sobre sua verdadeira identidade.

O rubor no rosto de Lili sinaliza uma inquietude frente às novas sensações que invadem seu corpo, ela está se aproximando de sua verdade mais íntima, mas vive o desamparo de não ter ainda, para além da camuflagem das vestimentas, uma consonância entre seu ser e a máscara da identidade de gênero feminino que ela oferece ao Outro.

O longo e sofrido caminho da intervenção cirúrgica e da mudança de sexo parece ser, para Lili, o único recurso para pôr fim ao seu sofrimento.

A retirada dos atributos sexuais masculinos, longe de ser vista como uma privação, é sentida como uma adequação a uma identidade sexual que já habita seu psiquismo, com o acréscimo de um gozo novo, agora mais pleno de um gozo a mais, além do falo.

O recurso da ciência no começo do século passado não era apto a proporcionar a adequação do corpo do sujeito a uma nova identidade sexual. A corajosa Lili foi pioneira nesse tipo de cirurgia, o preço foi alto, pois morreu na segunda cirurgia adaptativa, não sem antes ter declarado: "agora me sinto completa". Na ausência do significante da mulher, a ausência do falo aqui a define.

Nos dois casos relatados – o do garoto que quer tomar hormônio para se enquadrar na identidade sexual, na qual pode enfim se reconhecer, e o de Lili, a garota dinamarquesa que quer alcançá-la com a cirurgia –, constatamos a transformação de um corpo que, por ser considerado garantia da própria identidade sexual e por ser espelho dela, prontifica-se a sofrer as mudanças necessárias para refletir a verdadeira identidade psíquica e poder assim se aproximar de outros corpos, sem mais os impasses dos enigmas que os mantinham afastados.

No livro *Transexualidade*, Marco Antonio Coutinho Jorge e Natália Pereira Travassos afirmam que a angústia do transexual é aquela de ter nascido em um corpo que não corresponde à imagem que o sujeito tem de si. Entretanto, localizar a sensação da falta da completude numa parte do corpo e tamponá-la com prótese não consegue tampar a falta imaginária.

A linguagem separa o sujeito do mundo a sua volta e do seu corpo, vivido sempre com radical alteridade; é um engano pensar que a ciência possa dissolver totalmente o mal-estar gerado da tentativa de adequação ao sexo e ao gênero.

A orientação sexual é condicionada pela montagem pulsional própria, que é única e à revelia do binarismo homem/mulher. Como afirma Lacan, fazendo um paralelo com a arte, a montagem pulsional é surrealista.

É interessante pensar no sujeito pintando seus "quadros pulsionais", nos quais não há molduras na tela, não havendo, por isso, uma contenção pulsional. A pulsão sempre insiste, o que se pode fazer é inventar sempre novas pinturas, na tentativa de contornar um Real que sempre escapa.

A vida sexual não se reduz a categorias fabricadas pelo processo civilizatório, há também um Real que não é anatômico e que se refere à relação íntima e sempre singular que um ser falante mantém com seu gozo.

Consideramos também que o recurso indiscriminado dos remédios, antes, durante e depois da transição sexual para tentar harmonizar sexo e gênero, podem levar a uma patologização do cotidiano, com consequente fidelização dos pacientes aos médicos. Isso comporta, inclusive, um importante ganho para a indústria farmacêutica, além de um verdadeiro empuxo à transexualidade. Infelizmente, muitas vezes, isso acontece de forma prematura, em sujeitos que ainda estão em processo de desenvolvimento da identidade sexual, sem o respeito a um tempo lógico e de completa maturação dos órgãos sexuais, e quando a relação do sujeito com o próprio corpo e com o próprio gozo ainda escapa às tentativas de classificações uniformizantes impostas pela cultura.

É importante considerar que a cirurgia de mudança de sexo não trabalha com arrependimentos e frequentemente tem caráter mutilante e irreversível, assim como cabe lembrar que a verdadeira liberdade não é poder mudar de sexo, mas gozar com o corpo que se tem.

A destransição é comumente almejada por aqueles indivíduos cujo desconforto em relação ao seu corpo e imagem não cessa após as intervenções cirúrgicas. Isso nos confirma o descompasso entre o saber científico, capaz de intervir na organicidade do indivíduo, e um saber inconsciente que não pode por ele ser atingido.

A ciência objetifica o corpo e o mantém isolado das vivências subjetivas e da imprevisibilidade que estas comportam, o sujeito é assim tristemente foracluído do campo discursivo de suas vivências psíquicas.

Lacan afirma: "nós não somos um corpo, nós temos um". Há uma distância impossível de ser preenchida entre o sujeito e o seu corpo, que encarna os dramas subjetivos concernentes aos conflitos psíquicos e que não podem ser simbolizados pela palavra.

Marco Antonio e Natália apontam também que a identificação ao gênero masculino ou feminino é algo imposto pela cultura, que tenta normatizar os comportamentos de cada categoria, mas que esquece a natural bissexualidade do ser humano.

A linguagem, com seu efeito coercitivo sobre a imagem do corpo, cria as categorias de gênero, hipotetisando uma suposta complementaridade, na exaustiva tentativa de tornar possível o impossível da relação sexual.

Lacan afirma que a homossexualidade deve ser considerada a forma mais subversiva de evidenciar a impossibilidade da relação sexual, e, portanto, da inexistência da relação sexual.

Existe na homossexualidade uma fixação ao significante mestre da diferença sexual, diferentemente dos transexuais, os homossexuais não buscam a mutilação ou o acréscimo de atributos físicos identitários da própria sexualidade. Às vezes são sutilezas como o tom da voz com suaves modulações, ou a maneira excêntrica de vestir, ou a postura delicada, ou o jeito de andar, ou de sorrir que podem ocultar algo do ser, ou ao contrário, desvendar algo dos segredos mais recônditos e mais singulares. Lili, a garota dinamarquesa transexual, tinha um sorriso tímido e delicado no olhar, talvez o melhor reflexo da sua alma, mas ela almejava também a transformação anatômica corporal.

Já na homossexualidade temos hoje, por assim dizer, "corpos liberados da necessidade de corresponder à realidade anatômica, que pode continuar subsistindo independentemente do que é representado na realidade psíquica de cada sujeito". Contudo, às vezes vemos, na homossexualidade, exasperações histéricas nas quais, com a acentuação das características consideradas femininas, o homossexual busca um encaixe em uma identidade sexual que, mesmo distante da realidade anatômica, diz algo do corpo pulsional e da especificidade de gozo.

Consideramos também que hoje em dia a liberação dos costumes é acompanhada pelas mudanças comportamentais e relacionais e assistimos a uma maior interpenetração e miscigenação das diferentes características de gênero, e assim se faz sempre mais difícil reconhecer as posturas e os comportamentos típicos de cada sexo, para os quais existem várias opções identificatórias não padronizadas.

O afrouxamento dos princípios éticos levou à opacificação de muitos tabus sexuais, o corpo se torna território de inéditas experiências de gozo. Principalmente adolescentes, às voltas com a descoberta da inexistência da relação sexual, têm que improvisar um *savoir-faire*/saber-fazer que, frente às falhas de um saber sobre o que é impossível de ser transmitido, ocasione o aparecimento do inédito.

Responde-se com o corpo, mas não é fácil trilhar um caminho para definir aquilo que se pretende circunscrever do Real sexual, que sempre escapa.

Temos hoje em dia meninas tendo experiências sexuais com meninos e meninos com meninas sem, às vezes, poderem reconhecer em si verdadeiras tendências e anseios homossexuais. Costumam ser experiências contingentes e pontuais, parece que os jovens, ao se depararem com um Real que tem sempre menos bordas, eludem e ultrapassam as categorias de gênero para buscarem novos significantes e novos horizontes de gozo. Na esperança, quem sabe, de encontrarem algo que realmente os conecte ao Outro, driblando a castração e a impossibilidade da relação sexual.

O QUE PODE O CORPO?

Essa antiga questão levantada por Deleuze em seus estudos sobre Spinoza é muito atual, pois o corpo é sempre mensageiro de algo do sujeito que busca aí uma inscrição. Assistimos na atualidade a um retorno de antigas práticas corporais como a tatuagem, o *piercing*, etc., revestidas hoje de novos significantes.

Observamos também que as intervenções estéticas, sempre mais praticadas e sempre mais invasivas, respondem a ideais de beleza sempre mais ambiciosos e parecem dar ao sujeito a ilusão de uma nova identidade, mais consoante com os ditames da atualidade, que moldam o imaginário coletivo. É nessa universalização do mesmo que o sujeito tipificado perde o que ele tinha de particular, o que nele fazia a diferença e que desperta o desejo do Outro. Essa supressão, se chegar ao extremo, levará à morte do desejo que tem natureza de falta e busca sempre alcançar o diferente, aquilo que o sujeito não possui e que, na miragem da completude, encontrará na diferença do Outro que supostamente o completará.

No corpo atravessado pela linguagem haverá sempre um hiato entre o sujeito e seu corpo, que se faz tela, onde fantasias inconscientes prendem forma, onde algo do sujeito pode se inscrever, na tentativa de decifração do Real.

Principalmente nos casos de pintura e tatuagem, o corpo pode se fazer de receptáculo de uma mensagem que, não podendo ou não conseguindo ser verbalizada, faz nele uma inscrição. Essas marcas podem ser como senhas que, ao serem interpretadas, poderão levar o sujeito a reconhecer o próprio fantasma.

Consideramos também que a tatuagem, geralmente vista em tempo não longínquo de forma depreciativa, característica dos desajustados, dos contestadores e dos marginalizados, e como fenda no ideal de beleza imposto pelos valores narcísicos da nossa sociedade (que impediam, por exemplo, um sujeito tatuado de exercer algumas profissões), é hoje reconhecida como livre expressão artística.

A arte é uma lente de ampliação sobre o inconsciente do sujeito, que lhe permite dar expressão sublimatória a algumas das suas verdades. Lembramos, a propósito, uma famosa artista que afirmava não precisar de análise, pois tinha as telas, na ilusão, porém, de que nelas tudo pudesse ser representado.

Nas pinturas, vemos frequentemente a representação dos corpos, muitas vezes nus, na tentativa talvez de tudo dizer. Os nus do pintor italiano Amedeo Modigliani provocaram escândalo em seu tempo, mas revelam, segundo muitos críticos da arte, não tanto e não só sensualidade, mas uma tentativa de desnudamento da alma humana, despida da roupagem enganadora.

Nas obras de Pablo Picasso, também vemos corpos nus frequentemente despedaçados, corporeidades fragmentadas, como era na origem nosso corpo antes da fase do espelho, e depois reunificados no imaginário em novas interpretações, nas quais as referências anatômicas e de estrutura corporal são subvertidas. Parecem tentativas de driblar o vazio de representações com uma nova reunificação corporal, passa-se assim do enquadre no espelho, de uma Gestalt unitária, mas sempre incompleta, pois há sempre um resto não representável ao enquadre nas molduras dos quadros, onde se tenta contornar uma nova reorganização pulsional.

Os confins e os limites estruturais são ultrapassados na tentativa de dar um novo contorno a um Real que sempre escapa e que nem a arte pode totalmente emoldurar.

Hoje em dia, as tatuagens, enquanto marcas corporais, podem ser também sinais do desejo de pertencimento a um grupo e de ser neste reconhecido, ou podem ser anteparo para esconder a castração, ou ainda marcas de uma excessiva erotização que transborda em algumas áreas do corpo, ou, ao contrário, serão tentativas de marcar algo que, por não ter sido significado, origina uma falta que o sujeito tentará contornar com uma inscrição no Real do corpo.

O cartão de visita do sujeito é o corpo, pois o representa no primeiro contato visual, ele é então revestido de uma importância imaginária, uma vez que transmite ao Outro algo desse sujeito.

Os tratamentos estéticos – e nestes são incluídas as tatuagens, os *piercings*, as maquiagens etc. – podem então ser vistos como um pedido de aceitação feito ao grupo, entretanto, jamais se tem garantia, pois nunca sabemos por certo como o Outro interpretará nossa imagem e a mensagem que ela contém. Nem sempre somos totalmente responsáveis pelas mensagens que enviamos aos outros, muito menos por como serão por eles interpretadas.

O livro *Storia della castità* elucida que, para os adeptos da castidade, às vezes o corpo é um inimigo a ser silenciado, pois é lugar de perturbações que, originadas por sensações proibidas, têm que ser reprimidas.

As secreções corporais provenientes de excitações sexuais eram vistas pelos castos nos tempos antigos como algo a ser reprimido, o sêmen era considerado um concentrado de força e potência, e a sua dispersão enfraqueceria o corpo.

As autoflagelações eram exemplo extremo de tentativas de repressão, em que o gozo masoquista substituía o prazer do corpo.

Hoje em dia ainda, no mundo do esporte, no dia anterior a um grande jogo é proibida a relação sexual, e o período de concentração dos atletas visa principalmente, além do treino intensificado, abster-se das vivências sexuais que possam enfraquecer o atleta; por outro lado, em outras circunstâncias, reconhece-se que, em situações de extrema agressividade, a descarga de tensão sexual ajudaria o corpo a voltar à homeostase necessária à manutenção do equilíbrio das forças pulsionais. Baseando-se nessa premissa, em alguns presídios é permitida aos presidiários e às presidiárias a visita interna periódica de cônjuges ou companheiras.

Na Itália, cartazes com a mensagem "faça amor não faça guerra" apareciam em manifestações ou rebeliões contra o sistema ou nas diversas situações nas quais os instintos agressivos do sujeito, fortalecidos na identificação aos ideais do grupo, ameaçavam se manifestar.

Os casos de estupro e violência sexual, em geral, são um testemunho de uma sexualidade indômita, sem o freio da moral e da ética, o corpo da vítima se torna puro objeto, libra de carne a ser desfrutada. Sem o valor de troca, o ato sexual se manifesta como manobra do usurpador para impor a soberania do próprio desejo, atitude esta que encontramos nas estruturas perversas.

Os veículos de mídia relataram e condenaram recentemente o caso de um homem que, no ônibus, aproximava-se das mulheres para excitar-se até ejacular. Mais ainda que uma atitude agressiva e perversa perpetuada contra o feminino, já que parece que ele nem precisava encostar nas mulheres, esses acontecimentos denotam um grave atraso no processo evolutivo da sexualidade desse sujeito que, não tendo conseguido simbolizar a sexualidade no seu valor de troca, que depende da recíproca aceitação, reagiu aos estímulos corporais provocados pela pulsão escópica de forma puramente orgânica, dando livre expressão a uma ejaculação repentina e intempestiva. Talvez na tentativa de uma impossível relação, ele possa ter interpretado o fruto da própria excitação como um dom a ser oferecido ao Outro, encenando, entretanto, a falta da relação.

O caso do molestador nos ônibus provocou um escândalo na sociedade, que tomou conhecimento de algo de íntimo do sujeito, algo de um gozo singular que não podia ser revelado.

A ética e a cultura não fizeram função de barra nesse sujeito, que manifestou um grave atraso evolutivo e uma fixação na pulsão escópica (ele nunca tocava nas mulheres). Para ele, a excitação sexual e seu produto, a ejaculação, foram interpretados como um dom a ser oferecido, assim como no passado pode ter sido o controle dos esfíncteres para oferecer seus frutos à mãe, uma possível resposta àquilo que, à vista do Outro, na preeminência da pulsão sexual estimulada pela pulsão escópica, pode provocar no sujeito.

Para as vítimas foi ofensa moral, pois se viram na degradante posição de objeto. Entretanto, não houve violência física, e nem algum tipo de contato.

A pulsão escópica foi suficiente para fechar este circuito pulsional cujo sinal de excitação corporal foi revelado sem barras.

Mas afinal, o que pode o corpo?

Seus sinais podem ser silenciados como vimos, por exemplo, na castidade, ou exasperados como nas intervenções estéticas exageradas, seus segredos ouvidos ou renegados e, na arte, pode ser tela onde fantasias inconscientes encontram expressão.

A mulher é frequentemente vista como objeto erótico, quais mensagens o corpo dela pode transmitir, mesmo quando se cala?

O CORPO REVELA OU ESCONDE?

Em época de pandemia, um artigo de um jornal italiano relatava as dificuldades de operar e dar sequência aos atos processuais nos tribunais, com o uso da máscara.

O corpo de mulheres coberto com a burca desperta curiosidade e provoca desejos pelos mistérios que isso esconde, mas o rosto parcialmente coberto – com exceção dos profissionais da saúde e das exaltações fantasiosas do carnaval – transmite uma sensação de insegurança no mundo ocidental.

Na língua portuguesa, diante de situações duvidosas ou suspeitas, fala-se: “mostre a cara”, pois ela é a nossa carteira de identidade social. Quem não quer mostrar a cara boa pessoa não é, já que, no imaginário, isso nos remete a ideias de criminosos que precisam ocultar a identidade.

O que esconde a máscara? Um vulto, ou alguém parcialmente encoberto, esconde emoções, ofusca sentimentos e vibrações, sufoca a ondulação do respiro.

Em um julgamento processual, as presunções de inocência e de culpabilidade se tornam mais nebulosas, e a palavra mais duvidosa quando não acompanhada por expressões faciais confirmatórias.

O sorriso, a negação, a confirmação, o arrependimento, tudo fica restrito ao valor semântico das palavras. As tonalidades da voz imprimem certamente mais intencionalidade e ênfase à nossa fala, mas não podem, nesses casos, serem enriquecidas pela transmissão de algumas expressões faciais comprobatórias e em sintonia.

Os enigmas se multiplicam. O psiquiatra-cientista Bessel Van Der Kolk, no livro *Il corpo accusa il colpo*, salienta que são as emoções que dão forma e direção a tudo o que a gente faz, e a expressão primária delas acontece por meio dos músculos do corpo e da face. São os movimentos faciais e físicos que comunicam as emoções e os estados mentais aos outros. De forma instintiva, lemos a dinâmica relacional entre duas pessoas a partir da postura, do tom de voz e da mudança das expressões faciais. São elas que nos ajudam a compreender a qualidade das relações entre pessoas.

Difícil o trabalho de interpretação dos relatos e das explanações do outro sem as expressões faciais, escondidas atrás de máscaras furtivas.

No ocultamento parcial do outro haverá empatia ou desconfiança? O nosso julgamento será mais objetivo ou mais tendencioso? Com certeza estarão faltando pontos de apoio para fundamentar, confirmar ou descartar alguma impressão nossa. Será nosso Imaginário mais desvinculado do Simbólico?

Esse é o novo *modus vivendi*/maneira de viver que a pandemia nos impôs e que acabou incidindo em todos os relacionamentos sociais, muito além daqueles só processuais.

Provavelmente ainda não são constatáveis os efeitos que o uso da máscara, pela mãe com seu bebê, provoca na constituição da imagem materna. É plausível que as mães, ao se relacionarem com os rebentos, não estejam o tempo todo de máscara, de outra forma, talvez no Imaginário do infante o Outro da cultura se tornaria mais enigmático, mesmo reconhecendo que ainda assim teríamos a grande incidência do olhar e da voz materna.

Talvez tenhamos que nos perguntar também de que forma a imagem do outro, quase sempre de máscara, seria referência na constituição do eu do sujeito, e de que forma essa imagem influenciaria a constituição do Eu ideal do infante.

Na fase do espelho, o bebê vê a própria imagem refletida, o Outro de si, mas de que forma poderá se espelhar em um Outro que o suporta muscularmente, o conforta com o olhar, o embala com palavras, mas cujas expressões faciais são ocultadas debaixo da máscara?

No mundo animal, vemos que, se o ovo do pintinho é colocado junto aos patinhos, ele, ao nascer, acreditará ser um patinho. Um bebê abandonado na floresta e criado por macacos adquirirá as mesmas características comportamentais deles. Podemos supor que aprendeu por imitação e/ou que a imagem que a figura do outro bichinho representa seja para ele um espelho.

O bebê humano, entretanto, tem também a inserção no Simbólico da cultura, e isso torna mais difícil saber quais arranjos, entre o Simbólico e o Imaginário, contornarão a realidade psíquica dele.

Bessel Van Der Kolk afirma que "a imitação é a nossa mais importante habilidade social, que nos permite refletir o comportamento de pais, professores e semelhantes". Ele explica também a importância da sintonização, pois uma postura receptiva e carinhosa dos pais e dos cuidadores ajuda a criança a desenvolver melhor suas habilidades e sua autoconfiança.

Já foi possível constatar que idosos, internados em hospitais e rodeados só de desconhecidos fortemente equipados com materiais protetores, máscaras, viseiras e vestuário próprio que velam a identidade das pessoas, desenvolveram delírios persecutórios, paranoias, ânsias de isolamento e propósitos suicidas, entre outras patologias.

O corpo humano tem uma grande gama de expressões corporais para manifestar (ou esconder) suas emoções, suas complacências ou seus desconfortos.

Uma das formas mais intensas de entrar em contato com o corpo é o tato. Van Der Kolk observa que as pessoas podem ter sede de um toque e convida à reciprocidade desses gestos; ele valoriza, entre outras, as técnicas das terapias corporais e explica que, em sua clínica, o primeiro lugar em que ele toca seus pacientes é nas mãos e no braço, lugares que favorecem a sintonia, pois, assim como nos abraços, haverá uma retribuição e, metaforicamente, podemos pensar no movimento do abraço como o movimento de um circuito pulsional, que imaginariamente se fecha em torno de um objeto *a*.

Van Der Kolk afirma também que o toque desperta e afeta a parte do corpo que é tocada e que a maneira mais natural para acalmar o estresse coincide com ser tocado de forma confidencial, firme, doce e sensível – isso nos faz sentir íntegros, seguros, protegidos e no controle. Ao contrário, o corpo encolhe quando tem emoções reprimidas.

É preciso localizar o ponto do corpo onde se concentra a maior tensão e, principalmente nas pessoas vítimas de acidentes traumáticos, o ponto onde se acha a maior resistência, para tratá-la com a mesma intensidade energética.

É importante ter a sensação de onde o corpo está localizado, no espaço e no tempo, e onde estão seus confins, para melhor entender os limites entre o próprio corpo e o mundo externo.

Adquirir esse conhecimento ajuda a reconhecer e controlar melhor as próprias emoções, não por sarar completamente de um evento traumático, em que não se sente segurança na própria pele, pois nela também o trauma deixa suas marcas.

Apesar de ter uma visão mais organicista sobre as formações sintomáticas do sujeito, Van Der Kolk termina incluindo também o tratamento analítico entre os recursos para tratar o sofrimento.

O psicanalista italiano Paolo Crepet, nos livros sobre adolescência, aponta os limites das relações virtuais, viáveis pela internet, pois a conexão com o ser humano tem que abranger ao menos quatro sentidos, tato e olfato, além da audição e da visão.

Lembramos, por exemplo, a importância do cheiro do bebê para a mãe, que se verifica também na posição invertida, bebê-mãe, ou a já examinada relevância do toque. Sem a intricação pulsional, sem um Simbólico expresso na fala afetiva, as mordidinhas que uma mãe dá nos pezinhos do bebê poderiam, por exemplo, ser interpretadas como pulsão devoradora.

Uma fala imperativa poderia se fixar em um mandamento superegoico extremamente rígido, quando não acompanhada, por exemplo, em uma criança, de um toque transmissor de carinho, que é em contraste, às vezes, com a inflexibilidade dos tons da voz.

Quanto à pulsão escópica, diz-se que os olhos são o espelho da alma. Apesar das telas de informática espelharem geralmente só os rostos e, dentro de um foco mais restrito, deixarem algumas contrações faciais mais perceptíveis, consideramos que o campo visual do olhar sofre alguma limitação, pois pode se fixar em algum ponto qualquer da tela, sem nunca cruzar o olhar do outro. Qual será a intensidade de um olhar se dele conhecemos só seu reflexo na tela?

O conto *Final de jogo*, de Julio Cortázar, também mostra como o olhar pode nos levar a um ponto de desconhecimento. Narra a história de três irmãs cuja diversão preferida é ir todo dia, no mesmo horário, perto dos trilhos do trem e se fantasiar com vestuário apropriado e/ou assumir posições que expressariam emoções, por exemplo, medo, vergonha, contentamento, ou pose estática para mostrar-se aos passageiros do trem. Mostra-ação, que como ação intencional (o que seria do jogo se não tivesse o olhar dos passageiros do trem?) é dirigida a despertar a curiosidade dos viajantes.

O objetivo é alcançado, e um dia um jovem deixa cair um bilhete do trem, marcando um encontro para o dia seguinte, mas a escolhida é Letícia, a irmã que tem graves problemas de saúde que imobilizam parte dos seus movimentos, situação que lhe permite se destacar das outras e lhe possibilita ter uma vantagem quando tem que assumir poses de estátuas. A moça não vai ao encontro, mas envia pelas irmãs um bilhete destinado ao rapaz. Não é dado saber o que o bilhete revela, mas é este o final do jogo, e no dia seguinte o rapaz não vai mais aparecer na janela do trem.

Como afirma A. M. Portugal Saliba, no texto "A pose", o sujeito que representa, ao ser olhado, vira representação. Temos aqui o prazer especial de posar, de fazer-se imagem, a partir da consciência de ser olhado... nutrir o apetite do olho daquele que olha é um "dar a ver".

Diferentemente da pulsão invocante, que é um "fazer-se ouvir", indo terminar no Outro, a flecha da pulsão escópica retorna sobre o sujeito.

A consistência do corpo se dá no Imaginário e pode contornar o gozo do sujeito, oferecendo uma vestimenta encobridora, uma camuflagem ou uma estátua, que na sua unidade e fixidez pode enfim representar a perfeição. Semblante de um corpo que na mostra-ação cala os dramas, sonega sua dor.

O corpo humano é um receptor de vários estímulos, a mistura pulsional se faz necessária para tentar significar o que vem do Outro, mas o corpo alheio, mesmo tendo um Real biológico, tem os recursos das vestimentas encobridoras, das maquiagens e em geral das máscaras. O corpo às vezes revela, mas nunca saberemos totalmente o que de nós esconde.

Hoje em dia, a sexualidade encontra maior expressão na linguagem, pois novos meios de comunicação favorecem a circulação de fotos e mensagens de cunho sexual. As telas da informática são atualmente vitrine de fotos de moças e rapazes frequentemente em poses sensuais que, brincando com a virtualidade das palavras, oferecem fantasiosos encontros.

Homens e mulheres casados e supostamente fiéis respondem aos convites, aceitando brincar sobre as incógnitas do sexual, tudo parece ser permitido quando a virtualidade das palavras funciona como tela de proteção.

Mulheres e homens maduros, que já acumularam no próprio caminho acertos e tropeços e que já experimentaram o sabor das decepções nas relações, têm agora um resgate imaginário. Os casados ganham uma carta de alforria provisória dos vínculos conjugais e, mesmo que as fantasias não se realizem para todos, em algum lugar ainda é permitido sonhar.

As mídias exploram o imaginário coletivo, e nas propagandas a referência ao sexual é muitas vezes explícita.

O corpo se torna frequentemente mensageiro e transmissor de valores sociais, a virilidade masculina associada à potência é metaforicamente representada, por exemplo, na posse de um carro veloz e turbinado, ao lado ou dentro do qual se encontra a mulher bonita, formosa e sedutora, induzindo assim o consumidor a conjugar as duas imagens, reforçando o conceito de força e prestígio.

Como os jovens estão reagindo à proliferação verbal e visual das mensagens sexuais presentes nas mídias? A essa erotização que convoca, mas não garante? No momento sofrido do desvendamento das fantasias infantis, deparam-se com a impossibilidade da relação sexual. O Imaginário não sustenta mais, e o engano oferecido pelo virtual parece agudizar ainda mais a angústia do impasse do sexo, principalmente nos adolescentes. Precocemente seduzidos pelas mensagens virtuais, jovens são convidados mais uma vez, depois da infância, a adiar a realização dos anseios sexuais.

Alcançada a maturação biológica, percebem que a impossibilidade não está mais neles e que o Real do sexo não pode ser mais contornado, pois debaixo do véu da fantasia não há nada. A angústia torna-se mais avassaladora.

Começa assim a busca frenética de alguma resposta e uma ostentação do vale-tudo.

Uma velha canção do cantor brasileiro Tim Maia dizia no seu refrão: "vale tudo, vale o que quiser, só não vale dançar homem com homem, nem mulher com mulher". Hoje em dia, a vivência sexual se manifesta no aparecer da oportunidade, no acaso, nos fatores contingentes e na vontade de imediatismo, mas a escolha sexual definitiva parece ser adiada.

Como aceitar que a promessa do encontro sexual estimulada na mídia tem que ser adiada mais uma vez, ou pior, que não há relação sexual? Há invasão de angústia frente à frustração do desejo, há gozo lá onde o desejo é barrado. Alguns jovens encontram respostas sintomáticas na drogadição ou no alcoolismo. Outros se engajam em esportes radicais e/ou passagens ao ato. Outros se fecham em um circuito narcisista de onde o Outro é excluído e assim a abstinência e a castidade se tornam as novas orientações da vida íntima. Será a castidade uma nova forma autística de gozo?

Outros ainda procuram uma resposta que, se não pode ser encontrada no parceiro do sexo oposto, parece então estimular experiências homossexuais.

Talvez a juventude autorize-se a viver novas e inéditas experiências, na busca de novos significados para o indizível do sexo. Diante da descoberta da inexistência da relação sexual, depois da queda do véu da fantasia, a moral sexual da sociedade é ultrapassada, pois nenhuma cultura é capaz de contornar a angústia do Real, frente à descoberta da inexistência da relação.

Jovens buscam então novos recursos, tendo dificuldade de falar DO corpo, falam COM o corpo e o enfeitam com pinturas, *piercing*, tatuagem.

Antigamente as pinturas eram usadas como signos de pertencimento às tribos, isso junto a uma nomeação de grande porte simbólico-metafórico: por exemplo, o chefe da tribo poderia se chamar "Touro Valente", contribuindo para esclarecer o perfil identitário de um indivíduo e sua função na sociedade tribal.

Para jovens da atualidade, as formas de marcação do corpo são quase sempre formas de identificação ao círculo de amigos e colegas, para sair do anonimato e do sentimento de solidão e isolamento social, realidades muitas vezes inquietantes e ansiogênicas, principalmente hoje em dia, diante da crise dos valores ligados à função paterna.

Serão essas marcações signos corporais metafóricos para substituir o impossível de dizer sobre o sexo? Lembramos o caso citado neste livro, em Alguma representação da adolescência, do rapaz que fez tatuagem de um dragão, perto da genitália: serão marcas de gozo? Outro caso clínico também citado neste texto, é aquele da adolescente, filha de um historiador, que tatuou, no braço, em números romanos, a data do próprio nascimento, remetendo também à filiação. Parece possível que, frente à angústia da queda dos ideais paternos, surja então a necessidade de encontrar algo que se fixe no corpo.

Para Sonia Alberti, no texto *O adolescente e o Outro*, desde os ritos iniciáticos dos primitivos até os grafites, tatuagens, *piercing* etc., encontramos formas de lidar com a angústia da castração, fazendo inscrições culturais no corpo, às vezes, na tentativa de subjetivar a falta do significante do Outro. A moda, as intervenções estéticas e até as disputas grupais nos esportes podem ter valor identificatório, camuflando a falta, e as paixões e o amor seriam tentativas de preencher a lacuna da impossibilidade da relação sexual.

Várias podem ser as formas de tentar bordejar o vazio do saber sobre o Real sexual.

Cada época teve seus símbolos. Em meados do século XIX, o cigarro e o charuto, por exemplo, poderiam ser metáforas fálicas, e a redução em cinzas operada pelo fogo poderia representar a detumescência do falo.

A propagação desses valores imaginários clamava então para um enquadramento simbólico. Freud, já acusado de pansexualismo, afirmou em relação ao uso do charuto: "às vezes um charuto é só um charuto".

No futuro, porém, qual será o impacto da sexualidade nos corpos que irão refletir os valores culturais da sociedade?

Em entrevista ao jornal *Corriere Della Sera*, o oncologista italiano Umberto Veronesi preconizava, há alguns anos, que a espécie humana estava se desenvolvendo no sentido da atenuação das diferenças entre homens e mulheres, em direção a um modelo único, e justificava que, na contemporaneidade, os homens não precisam mais lutar pela sobrevivência (por exemplo, não é mais preciso caçar para garantir o alimento e o sustento) e isso implica que, usando menos a força corporal, a produção dos hormônios andrógenos é menos estimulada.

As mulheres, por sua vez, assumem sempre mais papéis masculinos, e isso leva a uma redução dos estrógenos, e assim os órgãos da reprodução podem se atrofiar. Para as mulheres, sempre mais enlaçadas em novos horizontes profissionais e menos pressionadas a se realizarem na função privilegiada da maternidade, existem também as técnicas de inseminação artificial, que fazem do ato reprodutivo um acontecimento sempre mais independente da existência de uma parceria sexual conjugal entre homens e mulheres.

Casais homossexuais também podem ter filhos. Sem finalidade reprodutiva, o ato sexual será sempre mais desvinculado da realidade biológica dos parceiros, que verão, na relação, a possibilidade de uma vivência afetiva livre dos preconceitos e dos estereótipos.

Freud nos ensinou que a humanidade é bissexual, é então o condicionamento cultural que leva os humanos a se encaixarem na categoria de gênero. Na antiga Grécia, observamos que a humanidade era bissexual. A mulher era destinada à função reprodutiva, só aos homens era concedida a liberdade sexual, e eles não faziam mistério da paixão pelos jovens. Em *O banquete*, Platão afirma que, diferentemente do amor para as mulheres, que era destinado à procriação dos corpos, aquele para os jovens meninos era mais nobre, pois a finalidade era a procriação das almas.

Um exemplo de sociedade com valores machistas, em que só ao sexo masculino é permitida a livre fruição dos próprios desejos, é também representada na peça teatral *Carmen*, de Bizet. Estamos na Espanha do fim do século XVIII, a realidade é aquela das touradas, onde se tem o hábito de lidar com a morte. Assim, quando a intrépida Carmen se enamora de outro homem, o antigo enamorado a mata. Foi alto para a heroína o preço de ser fiel aos próprios desejos corporais, que só com a morte puderam ser silenciados.

No presente, também os valores culturais da sociedade não dão conta de conter a agressividade de muitos homens sobre as mulheres, consideradas frequentemente objeto de posse, e, com a precariedade dos valores culturais e éticos, os delitos de feminicídio estão tristemente se propagando.

O oncologista Veronesi prevê um modelo sexual único para homens e mulheres. A pergunta agora é se isso não levará a um apagamento do desejo sexual.

A redução das diversidades *versus* uma uniformização tem importância no plano da paridade dos direitos, homens e mulheres poderão desfrutar de uma sexualidade sempre mais desvinculada da realidade biológica e das convenções sociais do gênero. A questão que se coloca é: na anulação das diferenças, o que sustentará o desejo?

É importante enfatizar, porém, que na relação sexual sempre haverá a assunção do papel ativo ou passivo pelos parceiros, independentemente do próprio sexo anatômico, manifestando o próprio Real pulsional e as próprias singularidades.

A humanidade tende a se identificar em termos de gênero, mas não existe um modelo único de sexualidade para o despertar do próprio desejo, e, na especificidade do próprio gozo, os humanos estarão sempre buscando o diferente no Outro e na singularidade do outro corpo.

O USO DO CORPO

O livre uso do próprio corpo é a coisa mais difícil.

F. HÖLDERLIN

A liberdade é desde sempre um dos valores mais almejados, a dignidade humana encontra nela seu principal pressuposto. A precária sensação de onipotência do homem, entretanto, baseia-se na falsa premissa de um total livre-arbítrio.

A imersão na linguagem e na cultura é o principal alicerce para tentar contornar justamente o que o ser humano teria de mais natural e instintivo. Esse é o preço que a humanidade paga para entrar na civilização, sendo consideradas ilegais – e por isso puníveis – as infrações a seus postulados.

A entrada na cultura nos remete a uma regulamentação da relação com o Outro, e se delineiam assim regras comportamentais que se originam na ética do bom convívio, em que basicamente a liberdade de um tem limite onde começa a liberdade do outro, pois o respeito aos direitos alheios é imprescindível na sociedade civilizada.

Vários são os exemplos de coerção, que restringem o conceito de liberdade. Durante a Revolução Francesa, declarava-se "Liberdade ou morte!", mas a morte era a única escolha livre. Na atualidade, frente aos assaltantes que ameaçam com a injunção "a bolsa ou a vida", não há escolha a não ser entregar a bolsa, pois ninguém arriscaria a própria vida.

O substantivo "propriedade", por sua vez, encontra dificuldade de conceituação. A jurisprudência se encarrega de interpretar as leis, pois frequentemente briga-se nos tribunais para que, entre mais contendentes, a um seja reconhecida a propriedade de algo, objeto de disputa entre muitos.

Liberdade e propriedade, como se aplicam esses conceitos ao nosso corpo? Ele realmente nos pertence? Podemos fazer dele um uso livre?

Desde a Antiguidade, os filósofos se ocuparam da definição do conceito de liberdade, contrapondo senhores e escravos, pelos quais o sintagma "o uso do corpo" definia a natureza.

No livro *O uso dos corpos*, o filósofo G. Agamben nos lembra de como Aristóteles definia a natureza do escravo: "Um homem que, embora sendo humano, é por sua natureza do outro, não de si", mas ele se perguntava também se a escravidão seria contrária à natureza.

Na cultura grega antiga, o comando despótico se justificava, pois comandar e ser comandado fazia parte das coisas não só necessárias, mas também convenientes. Havia então o comando da alma sobre o corpo e o comando político, que seria aquele da inteligência e da razão sobre os apetites, que hoje identificamos como desejos. Ressalto que hoje a psicanálise nos mostra que, entre outros, no ato de comer, a conduta alimentar (veja-se *O banquete*, de Platão) é regrada – desde a Antiguidade – pela convenção do bom apetite, aquele que se insere nas normas da cultura. Ao ser normatizado, o ato de comer entra no campo do desejo. A relação de fato não é mais do sujeito com o objeto (da necessidade), mas do sujeito com o outro sujeito, na qual a demanda de alimento se transforma em demanda por amor.

Os fenômenos de *eating disorder*, tão comuns na contemporaneidade, confirmam-nos também que, quando a alimentação não é regrada ou, pelo contrário, é demais normatizada, podemos ter a ocorrência de graves patologias, em que o imperativo de um gozo autárcico limita fortemente a liberdade do sujeito.

Voltando aos antigos gregos, os seres livres tinham a alma, e ela dominava o corpo, mas para os escravos só se reconhecia o uso do corpo, e este era de domínio do senhor, a quem irrestritamente pertenciam.

Confirmando isso, o postulado: "a alma está para o corpo como o senhor está para o escravo". O significante escravo (S2) adquire seu significado se relacionado ao significante mestre (S1).

Agamben nos lembra também que, para Aristóteles, a obra e a função de um homem são o "ser em obras" da alma, segundo o logos. Mas, para os escravos, a melhor obra seria o uso do próprio corpo.

A questão da diferença física entre senhor e escravo, entretanto, não é conclusiva, em geral, estes últimos são mais fortes – e isso é necessário para a execução dos serviços –, mas, às vezes, os senhores são os mais fortes

No Museu da Acrópole de Atenas, temos estátuas com o famoso perfil grego, testemunho de um ideal de beleza que era atribuído principalmente aos deuses que eram venerados, a relação de submissão dos homens aos deuses era parecida com aquela dos escravos a seus senhores, a quem tinham que servir inexoravelmente.

Na cultura grega antiga, a submissão dos escravos aos senhores podia ser uma das formas de dialetizar a relação com o Pai. Vemos então que deuses e senhores são dois nomes do Pai.

De alguma forma, todo corpo humano tem um senhor originário, pois nascemos no campo do Outro, e como enunciava Freud "o eu não é senhor em sua casa".

Como vimos no primeiro texto, "Identidade corporal, constituição simbólica e imaginária", desde a fase do espelho, a criança reconhece a própria imagem em uma imagem refletida, outra de si.

Essa é uma experiência fundadora, na qual o Outro da cultura deixa, no Real do corpo ainda fragmentado pra cá do espelho, a marca dos seus significantes, fundamentais para a constituição do eu. Desde a infância, a captura imaginária do corpo, suportada pelo Simbólico oferecido pelo Outro, será então a única forma de contornar o Real do "nosso" corpo.

Freud acrescenta também que a linguagem tece uma teia inconsciente, na qual os significantes do Outro se fixam, determinando as ações do sujeito.

Agamben, a respeito da escravidão, reporta-nos também à convicção de Sade de que existe um fundamento físico da escravidão e elenca uma quantidade de diferenças que justificariam o enquadramento dos senhores como nascidos na primeira classe e dos escravos na segunda e afirma que isso não depende só dos condicionamentos da cultura e do estilo de vida, sem os quais eles seriam semelhantes.

Procurando um respaldo científico, Agamben afirma também que os anatomistas já observaram que não há semelhança nenhuma na conformação de um e de outro. Então conclui, apelando à natureza das coisas, que determinaria que alguns homens nascessem na primeira classe e que usufruíssem dos outros.

Para Aristóteles, os escravos são instrumentos de domínio do seu senhor, sendo equiparáveis à uma máquina especial que não está voltada à produção, mas sim ao uso exclusivo do dono e sem valor comercial. Diferentemente do operário e do artesão, que têm seu trabalho reconhecido no valor comercial da obra produzida, para os escravos só se reconhece o uso do corpo.

O escravo não é só escravo do senhor, mas é, daquele, parte integral no sentido orgânico e não só instrumental. Pode-se então falar de "comunidade de vida" entre escravo e senhor, que pode se servir dele sexualmente. Para os senhores, dispor dos escravos sexualmente, tanto na posição ativa quanto às vezes passiva, representava a melhor relação possível com os objetos do próprio uso.

Oferecer a própria escrava ou o próprio escravo à prostituição significava, porém, fazer dele um uso mercantil e não pessoal, desonerando a si mesmo e a própria casa. Entretanto, eles podiam ser vendidos, junto com todos os direitos ao uso do corpo deles. Agamben, retomando as escritas de Hannah Arendt, afirma que são os escravos que possibilitam aos outros uma vida verdadeiramente humana, pois os libertam das necessidades da vida às quais seriam inevitavelmente submetidos. O escravo, como Outro de si, seria talvez o próprio sintoma do senhor, lugar de gozo, um retorno do recalcado de forma patológica. Podemos ver neles então uma solução sintomática, um compromisso entre liberdade e necessidade.

Filósofos como Hiérocles, em *Elementos de ética*, e Galeno, em *De usu partium corporis humani*, consideram decisivo o uso para compreender a função de cada parte do corpo, exemplo é a função de ouvir, que nos faz entender que as orelhas são órgãos deputados a isso, pois, quando queremos ouvir alguém "aguçamos as orelhas". Cada parte do corpo tem uma função diferente cujo uso nos permite o conhecimento de nós mesmos.

Sêneca, entretanto, afirma que o si se reconhece por meio da articulação de uma zona de não conhecimento, pois o ser humano conhece sua constituição, mas não o que ela é... Sente que existe como ser vivo, mas não sabe o que é ser vivo... Sabe que tem impulso (pulsões), mas não sabe o que é e de onde vem. O corpo é sempre algo de inapropriado, os casos de sugestão e hipnose – diz Agamben, com suas influências na motricidade do corpo, estimulado pela vontade alheia – mostram-nos a impropriedade do nosso corpo, como se ele projetasse sempre uma sombra, uma zona de desconhecimento que não se separa nunca dele.

Existem principalmente três experiências corporais que podem ser ao mesmo tempo familiares e desagradáveis: a vergonha, a náusea e a necessidade. Elas se fundamentam em um movimento duplo em que o sujeito se encontra, por um lado, consignado irremissivelmente ao corpo e, por outro lado, inexoravelmente incapaz de assumi-lo.

Na nudez, se sentimos vergonha, é porque nela nos encontramos remetidos a algo que não podemos de algum modo desmentir, o que a nudez desvenda é a impossibilidade de nos escondermos de nós mesmos, é a nossa intimidade última. É a nossa presença revelada para nós mesmos que é vergonhosa; não podendo assumir nosso corpo e as verdades que ele manifesta, gostaríamos de escondê-lo.

O movimento duplo se manifesta com maior clareza ainda na náusea, que é uma presença relevante de nós a nós mesmos. No estranhamento consigo mesmo, a náusea denuncia a impossibilidade de ser o que se é. Algo pregado a nós mesmos nos aperta e incomoda tanto, a ponto de querermos expulsá-lo. A náusea é assim uma manifestação própria, mas justamente na hora em que nosso corpo se manifesta inapropriado.

A natureza contraditória da relação com o corpo atinge sua maior evidência na necessidade, quando toda presença e realidade do sujeito se concentram na parte do corpo da qual provém a necessidade. Isso acontece, por exemplo, quando se sente um impulso incontrolável de urinar, e isso acaba se tornando a coisa mais estranha e imprópria, por fugir ao nosso controle.

O caráter de inapropriabilidade e de estranheza inerente ao corpo emerge especialmente em todos os distúrbios de gestualidade e da palavra que, com base no nome do psiquiatra francês Gilles de la Tourette, vem sendo definido como "tourettismo".

Nos tiques, nos balbucios, nos tremores, nas impossibilidades de concluir um movimento, observa-se a impossibilidade de o paciente distinguir com clareza um ato voluntário e involuntário, próprio ou estranho, consciente ou inconsciente.

Existem analogias estruturais entre o corpo e a língua que se apresentam com as características da "propriedade" e "intimidade". A linguagem, entretanto, origina-se na cultura e é introduzida pela função de mãe, ela é então exterior ao corpo, que é antecipado por um Simbólico que não o contorna totalmente, pois dele é impossível dizer tudo.

O uso da linguagem é exigido a todo ser humano, mas enquanto o corpo aparece como algo singular (mesmo que conserve as marcas do Outro), a linguagem é compartilhada, comum, flecha lançada no território dos Outros, todos podem dela se servir. É a resposta do Outro que retroativamente atribuirá um sentido à palavra do sujeito, transformando-a em demanda.

A palavra se origina na necessidade de relações intersubjetivas, flecha lançada para fisgar o Outro, leva consigo o poder de representação da coisa. É imprescindível familiarizar-se com ela, entretanto, ela é estranha ao ser falante, pois imposta e incapaz de tudo representar.

É isso que os poetas tentam contornar, abandonando hábitos linguísticos e sintaxe, constroem a linguagem poética, nova, diferente. Nela, o estranho torna-se íntimo, apropriado, o impossível torna-se contingente... Com a licença poética, os poetas abrem os horizontes do imaginário e em um harmonioso deslizar significante constroem novos significados.

Habitar a língua significa fazer uso dela, nela perder-se, mas assim como o livre uso de si, a linguagem se constitui sempre como algo inapropriado.

Como nos lembra Massimo Recalcati, no livro *Pratica del colloquio clinico – una prospettiva lacaniana*, a linguagem é a ordem simbólica que age no sujeito preliminarmente, ela assujeita, determina e fabrica o sujeito. Ela é sempre do Outro, que nos captura na cadeia dos significantes.

O pertencimento do nosso corpo é ilusório, assim como a nossa sombra nos acompanha, mas é só um reflexo de nós em uma superfície, um contorno vazio de nós, o nosso corpo é um invólucro do qual se desconhece a substância e o conteúdo. Como sombra, nosso corpo nos acompanha, mas impossível é detê-lo e fruir dele livremente. Repetindo Aristóteles: “Liberdade é ter autonomia com o próprio corpo, não propriedade”.

O APRISIONAMENTO NA IMAGEM CORPORAL HUMANA E ALGUMAS DIFERENÇAS NO MUNDO ANIMAL

No texto sobre o narcisismo, Freud explica que narcisista é aquele que trata o próprio corpo como um objeto sexual, mas ocorre a hipótese também de que isso seja um complemento libidinal do egoísmo, do instinto de autopreservação.

No mito, Narciso é subjugado pela beleza da própria imagem, que ele toma por outrem, ao vê-la refletida na água. Apaixonado pelo reflexo de si, morre ao tentar inutilmente alcançá-lo.

O eu e o outro, projeção de si mesmo, confundem-se. No Imaginário de Narciso, um reflexo de si se torna uma imagem outra, mas o Real da morte vem pôr fim ao mecanismo das projeções imaginárias.

Não houve para Narciso, nessa experiência, um reconhecimento simbólico do próprio corpo. Não teve, como na experiência primeira e estruturante do espelho, a intervenção da linguagem, de um Outro a confirmar que ele e a imagem refletida no espelho d'água eram a mesma pessoa. Assim Narciso teve uma experiência de outridade com a própria imagem e dela se enamorou.

Na obra *A Valquíria*, de Wagner, revisitada por Antonio Quinet, no livro *Os Outros em Lacan*, retorna ao mito de Narciso, encenando o matema do i(a). Dois irmãos, um rapaz e uma moça que foram separados quando crianças, apaixonam-se, ao se reencontrarem, sem saber que são gêmeos.

Ela afirma: "No riacho, vi minha própria imagem e ei-la novamente; como outrora, ela emerge das ondas: és tu, no presente, que me envia minha própria imagem". E o irmão responde: "És tu a imagem que em mim eu escondia".

É possível apaixonar-se da imagem gêmea de nós sem disso ter conhecimento. A eclipse da imagem é a confirmação de que o eu não sabe de si, é só pela fala do outro que ele tem acesso à representação de si mesmo e faz disso seu Eu ideal.

Para Narciso, a imagem que o espelho d'água reflete tem valor de total outridade e por isso pode ser odiada, quando vista como rival, mas também amada, quando da beleza dela quiser apossar-se.

O mito confirma que narcisista é aquele que se apaixona pela própria imagem, mas ao mesmo tempo atesta que, sem a entrada da linguagem e do Outro, não há um reconhecimento simbólico do próprio corpo. É isso que impede que Narciso saiba que se apaixonou por ele mesmo.

Para nós, humanos, fundamental é a intervenção do Outro que, reorganizando nossa imagem corporal, dá um contorno simbólico e uma gestalt a nossa identidade imaginária.

Diferente é o caso dos animais, que têm vida instintiva e que, não tendo o Simbólico, ficam restritos à imagem que as telas refletem deles, sem poderem se reconhecer nessa imagem. Não há complacência, por exemplo, no cachorro ou no gato que se veem no próprio reflexo, a imagem é tão outra que o cachorro, por exemplo, até rosna para si mesmo ou se coloca em posição de ataque.

Nos humanos, desvios de conduta que deságuam em comportamentos fortemente agressivos podem originar-se em graves falhas simbólicas de apreensão de normas éticas e culturais.

Segundo um provérbio indígena, um velho índio descrevia assim os seus conflitos interiores: "Dentro de mim existem dois lobos. O lobo do ódio e o lobo do amor. Ambos disputam o poder sobre mim". Alguém perguntou qual lobo vencia. O velho índio refletiu e admitiu: "O que eu alimento mais".

Metaforicamente, o alimento é a fala simbólica que, colocando sempre mais significantes nas vivências humanas, delimita o alcance às vezes destruidor do Imaginário.

A fala está ligada ao pensamento, esse processo de racionalização distingue a espécie humana da espécie animal. Frente a um acontecimento de expressiva violência, costuma-se dizer: "Não é coisa do humano... quem faz isso é um animal".

Lembramos a citação do dramaturgo romano Plauto (254-184 a.C.): "O homem é o lobo do homem", cuja interpretação, feita pelo filosofo inglês Thomas Hobbes, é de que basicamente o homem é o maior inimigo do próprio homem e é capaz de agir como predador da própria espécie, quando lhe convém, em seu estado de natureza... Daí viria a necessidade de se organizar em sociedade, onde o Estado soberano teria o poder para garantir os direitos de todos.

Freud, no *Mal-estar na civilização*, afirmava que a agressividade é inata no ser humano, e é o processo de civilização que limita seu alcance destruidor, isso se origina no uso da palavra e na sua cristalização em normas éticas, leis, regras que organizam o Estado.

Já os animais não têm algo que os enquadre na cultura, mas são guiados pelos instintos de preservação de si e da espécie. As mães protegem os próprios filhotes; o caso da manada de elefantes que se junta em volta do filhote quando bichos predadores se aproximam é só um dos tantos exemplos de proteção e solidária colaboração.

No homem, o processo civilizatório se fez à custa da repressão da sua parte mais instintiva, é necessário então um grande investimento simbólico, cultural e ético para orientar seu comportamento.

Um programa televisivo veterinário tinha como título *O Homem e Outros Animais*, com evidente propósito de igualá-los na dignidade. A diferença nos humanos é a incisão do processo civilizatório, necessário à sobrevivência da espécie, um amplo complexo de regras éticas e comportamentais, em contraposição às vivências instintivas e sem o qual a natureza pulsional do homem poderia prevalecer: *homo homini lupus*, é o processo civilizatório então que, defendendo os valores da vida em sociedade, viabiliza o convívio harmônico entre homens.

UMA VISÃO ORGANICISTA DOS CONFLITOS PSÍQUICOS – O TRAUMA NO CORPO

O nosso corpo é o invólucro que circunda e envolve o nosso eu, a nossa pele é a fronteira entre o que é interno e o que é externo a nós e é escudo contra as invasões do mundo externo.

O ser humano interage com aquilo que o rodeia, mas o meio não dá conta de especificar nossa natureza. Somos seres diferentes, singulares, cada um com sua especificidade, com sua particular receptividade.

Cada sujeito tem uma diferente forma de falar, de ouvir, de reagir, essas experiências são escritas no corpo, que conserva as marcas que nele foram gravadas.

No mar das vivências, somos como conchas, mas só algumas terão a própria pérola, pois diferentes e singulares podem ser as experiências que nos formam e que darão vida a nossa subjetividade.

Bessel Van Der Kolk (autor do livro *Il corpo accusa il colpo*) salienta que podemos ser responsáveis por nossa vida, só é possível reconhecer a realidade do próprio corpo em todas as dimensões viscerais.

Ele afirma também que a nossa mente precisa ser reeducada a sentir e reconhecer as sensações físicas, não só o medo, a raiva, a ansiedade, mas também as sensações físicas que provocam falta de ar, calafrios, sudorese, taquicardia etc., só assim, a conexão com o corpo será restabelecida. O autoconhecimento corpóreo é o primeiro passo para se libertar dos traumas do passado, segundo ele.

O autor diz ainda que todo trauma é pré-verbal e anterior a uma cadeia significante, confirmando isso, lembra a tragédia *Macbeth*, de Shakespeare: “Horror, horror, nem minha língua, nem meu coração sabem entender-te e nomear-te”, no episódio da descoberta do corpo assassinado do rei.

Bessel se delonga nos estudos sobre os efeitos dos eventos traumáticos sobre o corpo e sua estreita ligação com mente e cérebro e considera o trauma como o resultado de uma ruptura na sincronia da sintonização física.

Em condições normais, as pessoas reagem às ameaças de perigo com temporário aumento dos hormônios do estresse, que depois se dissipam, mas as pessoas traumatizadas costumam ter respostas mais repentinas e aceleradas e demoram mais para voltar ao equilíbrio.

Em algumas pessoas, a mente nega o acontecimento, mas o corpo registra o evento e os hormônios do estresse continuam a se ativar, provocando manifestações sintomáticas, sudoreses, calafrios etc.

Quando o sistema de alarme do cérebro se acende, inicia-se automaticamente uma resposta pré-programada de fuga, a mente consciente se apaga parcialmente, e o corpo sofre alterações hormonais que o induzem à vontade de fugir, de se esconder, ou em alguns casos à paralisia.

Geralmente, antes de compreender a situação, nosso corpo já está em movimento. Os indivíduos traumatizados tentam inutilmente repetir a fuga, mesmo quando não é mais necessária, pois o trauma (segundo Freud, um *quantum* a mais de energia que não pode ser significado) deixa as marcas no corpo também. Onde a linguagem não se disponibiliza ou é inviável, o Imaginário captura a experiência do passado, que retorna sob forma de pesadelos ou *flashbacks*. As pessoas traumatizadas usam grande parte da energia delas para reprimir a lembrança do trauma.

Diferentemente do cérebro racional (situado no lado esquerdo), o cérebro emotivo (lado direito) é mais permeável às impressões em entrada, que são avaliadas mais genericamente. Por exemplo, na confusão entre uma corda e uma cobra, a reação fisiológica da fuga é imediata, deixando a capacidade racional em suspenso. Já no nível superior do cérebro, temos os lóbulos frontais que nos permitem projetar cenários futuros e refletir, eles são a base da nossa criatividade.

Bessel afirma também que muitas terapias corporais como yoga, terapias craniossacrais e até mesmo a dança ajudam a restabelecer o contato com o corpo dissociado nos eventos traumáticos. Lembramos a importância do trabalho com a dança, de Pina Bausch, citado no texto "Corpo e dança, um ritual de passagem".

O conhecimento visceral faz com que se reorganize a percepção dos perigos e aumente a capacidade de gestão das relações. Quando não se pode contar com o próprio corpo para estabelecer o que é seguro e o que não é, somos dominados por sensações físicas angustiantes e perdemos a capacidade de nos sentirmos "em casa" na nossa pele.

O nosso corpo conserva as memórias do trauma e a comunicação visceral com mente e cérebro, que agem incentivando a regulação emotiva. Isso é de grande suporte, inclusive para as terapias que se baseiam na *talking cure*.

Bessel reconhece a importância da psicanálise, mas afirma também que práticas como a meditação e a *mindfulness* também são de grande importância para entrar em contato consigo mesmo. A *mindfulness* nos evidencia a natureza e a momentânea transitoriedade dos nossos sentimentos e percepções. Se prestamos mais atenção a nossas sensações corporais, podemos reconhecer o vaivém das nossas emoções e aumentar o controle sobre elas.

Essas práticas acalmam o sistema nervoso, reduzindo as probabilidades de ataques e de fuga, dando o caráter de transitoriedade às nossas emoções; permitem-nos revisitar o passado de forma mais segura.

Praticar *mindfulness* também favorece *l'agency*, que é a capacidade de agir de maneira ativa para atingir metas e ter o encargo da própria vida. Isso começa com aquilo que os cientistas chamam "interceptação", ou seja, a consciência das vivências sensoriais que têm origem no nosso corpo.

O estudo dos efeitos traumáticos no corpo levou ao triunfo da farmacologia, que por sua vez revoluciona a psiquiatria, e isso se deve também ao fato de que os fármacos proporcionam aos médicos e pacientes tratamentos mais rápidos.

Os subsídios das casas farmacêuticas que sustentaram os laboratórios de pesquisa permitiram a aquisição de instrumentos sempre mais sofisticados. Assim os departamentos de psiquiatria mudaram dos subterrâneos dos hospitais para os andares mais altos, ganhando maior prestígio.

Infelizmente isso trouxe também a supressão das áreas de lazer e de recreio para dar espaço aos laboratórios. Lugares onde se podia recuperar o bem-estar físico se transformaram em lugares onde "ajustar" pacientes.

Em muitos casos, os fármacos substituíram as terapias baseadas na *talking cure*, possibilitando que os pacientes abafem os problemas e reduzam as patologias sem enfrentar os problemas de fundo.

O diagnóstico de doença mental pode condicionar o destino de uma pessoa. Os médicos e as indústrias farmacêuticas, que não têm uma visão mais ampla e profunda dos problemas psíquicos, seriam então responsáveis pela consolidação dos problemas dos pacientes e pela consequente fidelização aos médicos.

Em 2013, a Johnson & Johnson pagou milhões de dólares para se defender da acusação de ter promovido inadequadamente o antipsicótico Risperdal para o tratamento de crianças e idosos. As crianças, sob o efeito do medicamento, de fato se tornam mais facilmente administráveis do ponto de vista comportamental, mas serão menos curiosas e criativas e correm o risco de ter atraso no processo de desenvolvimento, além das possíveis ressonâncias negativas no corpo, como diabete e obesidade, entre outras.

A medicina convencional se empenha em promover qualidade de vida melhor por meio dos achados clínicos, mas a possibilidade de mudar efetivamente nossa fisiologia e equilíbrio interior, com meios diferentes dos fármacos, raramente é levada adiante.

É a partir dos anos 1990 que, com as novas técnicas de *brain imaging* (tomografia, ressonância magnética etc.), foi possível a exploração do cérebro no momento em que elabora as lembranças, as emoções e as sensações. Antes, com a oferta dos fármacos, era como em um veículo ocupar-se, por exemplo, do combustível e da atividade mental neural, agora com a *neuroimaging* é possível olhar dentro do motor e fazer um mapa dos circuitos da mente e da consciência. Sobre o livro de Bessel, remeto também às outras considerações feitas no texto "O corpo revela ou esconde?".

Confirmando os atestados de Bessel, um artigo do jornal *Il Dubbio*, em uma entrevista com três profissionais de saúde psíquica, salienta que a neurociência é um recurso precioso, por exemplo, nos processos penais, a fim de alcançar justiça, pois permite que seja reduzida a margem de interpretação subjetiva de dados objetivos.

Para fins processuais já está em uso um novo método chamado Aiat (reconhecido e acreditado nas universidades dos Estados Unidos e da Europa), que permite observar se existem traços mnemônicos dos atos criminosos na mente dos infratores da lei, pois, quando o fato não subsiste, o cérebro não guarda na memória traços do evento. No artigo, o advogado e psicólogo Guglielmo Gulotta, um dos três entrevistados, aponta a importância de sempre ir a fundo nas questões, lembrando que a exploração do funcionamento do cérebro agora é um dos caminhos possíveis.

Corpo e mente nunca podem se separar em qualquer tratamento ou terapia que vise ao bem-estar do indivíduo. Nada é completamente físico nem exclusivamente psíquico, existe sempre uma interação.

O corpo do indivíduo é sempre mais estudado pela ciência, mas se deve tomar cuidado com a excessiva objetificação do corpo, pois há um ser pulsional dentro de cada sujeito, e este precisa sempre ser escutado.

O CORPO EM EXTENSÃO

O corpo é, ao mesmo tempo, nosso estranho mais íntimo e nosso maior limite. Observamos na dança como os pulos e os rodopios parecem levar os bailarinos alhures, em uma nova dimensão, mais além do espaço físico.

No Brasil, o Grupo Corpo exalta a extensão dos movimentos corporais, que parecem querer alcançar o infinito. Inevitavelmente há sempre o retorno, a contração, como um bumerangue lançado ao ar: os movimentos voltam para a base.

O corpo não consegue exceder os próprios limites anatômicos. Vemos isso na realidade do dia a dia também, quando, por exemplo, queremos alcançar um objeto no alto de uma prateleira: ficamos na ponta dos pés, o nosso corpo se estica todo querendo se superar, mas depois, quase sempre, temos que nos render e procurar uma escada, momentânea prótese de nós mesmos, e somos forçados a relembrar o limite do nosso corpo. Vemos isso também na geração da energia motora, quando corremos atrás de um ônibus parado, antes de ele recomeçar o movimento, sem conseguir alcançá-lo. Não existe Super-Homem nem Mulher-Maravilha, a necessidade de criá-los na ficção nos faz pensar como, ao menos na fantasia identificatória, podemos ser "super" e ultrapassar nosso limite.

Percebemos isso também nos esportes radicais, como as escaladas íngremes e desafiadoras de montanhas que frequentemente representam símbolos fálicos a serem conquistados. A superação de si é procurada a cada passo, que se aproxima mais do cume, sobrepujando obstáculos, vencendo limites.

Montanhistas famosos relatam as escaladas, chegando a compará-las a um processo terapêutico. O italiano Reinhold Messner, alpinista, himalaísta e explorador, considerado um dos melhores montanhistas de todos os tempos, alcançou fama internacional por ter sido o primeiro homem (42 anos atrás) a escalar o Himalaia sem oxigênio suplementar. Em condições extremas, a força da mente pode sobrepujar as necessidades que têm origem no funcionamento orgânico natural do nosso corpo. Na abnegação provisória do necessário para o corpo, a exemplo de fome, sede e sono, a força da mente faz com que algo a mais se torne possível e velhos obstáculos sejam superados.

A confirmação do sucesso levou Messner a repetir várias vezes as excursões, enfrentando desafios sempre maiores. O limite imposto pela lei da natureza começou a aparecer quando, em acidente no Everest, por causa da hipotermia, sofreu o congelamento de alguns dedos, que foram amputados. Há relatos também de outra escalada, na qual ele perdeu um irmão e foi severamente criticado por tê-lo incentivado a tão árdua empresa, sem talvez o necessário preparo físico.

Messner afirma ter visto, durante uma excursão, um *iéti* – o abominável homem das neves, com poderes sobrenaturais. Acredita-se, no entanto, que essas figuras lendárias sejam ursos que habitam as altas montanhas.

A dificuldade de aceitar a própria castração talvez se una aqui à fantasia identificatória (homem-*iéti*) de adquirir poderes sobrenaturais. Pode se tratar, quem sabe, de verdadeiras alucinações, devido à falta de oxigênio e condições de sobrevivência extremas. Infelizmente, seguindo esse sonho de superação, muitas vidas já se perderam.

O corpo pode também ser um limite no exercício de algumas profissões. A magreza é imposta a quem quer ser modelo e desfilar nas passarelas da moda. Mesmo agora, que uma nova sensibilidade está tentando mudar os parâmetros da beleza e da perfeição, tão difíceis de se alcançar, que têm levado algumas moças e rapazes a desenvolverem transtornos alimentares e de dismorfopercepção corporal.

Estão começando a mudar os férreos parâmetros de beleza e de perfeição imaginária em propagandas, inclusive de lingerie, com as quais podem se espelhar moças orgulhosas das próprias redondezas. O corpo tatuado também – será que a tatuagem é também um tentar dizer no corpo algo difícil de ser simbolizado? E será que a fluidez da pulsão, no seu constante deslizar, encontra aí alguma inscrição? Em alguns casos, a tatuagem pode ser obstáculo no exercício profissional.

É o caso de um analisando, diretor de uma escola, que só usava mangas compridas para esconder as tatuagens. A preocupação era de que, sendo uma figura de referência para os jovens alunos, ele pudesse influenciá-los, certo inclusive de que os pais não o aprovariam. Evidencia-se aqui a necessidade de esconder algo que fez marca no corpo e cujo valor simbólico, possivelmente, pertence só ao seu dono.

Temos também o corpo das anoréxicas e das bulímicas, muitas vezes encoberto para esconder – talvez mais de si mesmas que dos outros – um corpo que, sob a dismorfopercepção, é visto sempre como inadequado.

E tem o corpo de quem é "obrigado" a se vestir adequadamente para, por exemplo, se apresentar a um colóquio de trabalho ou por exercer alguma profissão. Isso fica mais claro quando se pensa no mundo eclesiástico, pois, até mesmo para entrar nas igrejas e lugares sagrados, normas de pudor e decoro têm que ser respeitadas. Algumas igrejas têm avisos nas portas, aconselhando as mulheres a não entrarem de minissaia, decote etc., pois o corpo também tem sua linguagem, e o lugar sagrado tem que ser respeitado, quase afirmando que, na igreja, entra-se com a alma, e não com o corpo, que, devido a suas manifestações e exuberâncias nem sempre controláveis, é sempre impuro.

Vemos também na cultura islâmica um encobrimento das mulheres pela burca, necessário anteparo frente ao Real do corpo que é sempre um Real sexual. O corpo das mulheres é aqui entendido como objeto de posse dos maridos, os únicos que a ele terão acesso. Essa exclusividade assume profunda relevância também na dança do véu que as mulheres frequentemente fazem para os maridos, com o jogo de cobre, vela e desvenda – trata-se de um ritual que favorece a excitação do parceiro, e a pulsão escópica é fortemente estimulada. Se na adolescência, com a queda da tela da fantasia que protegia o Real sexual, há um desvelamento das fantasias infantis, é justamente quando, nas jovens, floresce a mulher que o velamento se torna necessário na cultura islâmica.

Nesse hábito cultural, podemos ver também a recusa a perceber a castração imaginária no corpo da mulher. Como se as crianças não tivessem ainda um sexo definido anatomicamente e como se na menina algo ainda pudesse crescer, é na puberdade que o horror da castração não pode mais ser negado, o Real não tem mais tela de proteção, urge então o encobrimento. Na adolescência chega a hora da verdade. De fato, é a época em que se consolidam as características sexuais secundárias nas quais adolescentes "terão" que se reconhecer, entretanto a identidade de gênero nem sempre respeitará a realidade anatômica. Voltando ao velamento, o Real do sexo, impossível de ser contornado, apresenta-se menos angustiante quando acompanhado pela tela da fantasia, assim como nos mostra Wedekind, na célebre e ilustrativa peça *O despertar da primavera*, que acompanha o engendramento de jovens adolescentes e os mistérios da vida sexual adulta. Observamos na narrativa jovens se aproximarem do sexo, no despertar das fantasias, fundamental anteparo para o Real da sexualidade, sem o qual podem ser puxados pelo abismo do Real da morte, como vemos acontecer com Moritz, um dos protagonistas. Ele será atropelado pela insurgência de um Real do sexo, impossível de ser compreendido, tanto no velamento quanto no desvelamento, pois não há referência a UM significante que possa dizer dele.

O hábito de se vestir é cultural. Uma criança de três anos perguntava à avó se poderia ser *índio*, e a motivação era o fato de ela gostar de ficar pelada. O corpo dos indígenas seria então menos assujeitado a condicionamentos culturais, teria mais liberdade de expressão? Além das vestimentas, porém, há uma simbologia que passa através de alguns hábitos das tribos africanas, algumas marcações são feitas no corpo, existem rituais de passagem na adolescência, cirurgias de circuncisão, provas a serem superadas.

Há homens colocando próteses para esticar os lábios, mulheres colocando, progressivamente, várias argolas em volta do pescoço para alongá-lo e existem formas de pintura corporal que assumem também valor identificatório ou de pertencimento a diferentes tribos.

São marcas sobre o corpo cuja simbologia fica, às vezes, para nós, desconhecida. Resta, porém, uma pergunta: o que é que leva a querer simbolicamente superar o próprio limite corporal?

Lacan nos diz que o corpo é o lugar do Outro. A linguagem faz marcas em um corpo que sempre nos escapa, podemos só o vestir, desnudá-lo, maquiá-lo, engordá-lo, emagrecê-lo, tatuá-lo, ele estará sempre em uma dimensão mais além e sempre um pouco desconhecida, pois, na linguagem do Outro que o molda, alguns restos sempre ficarão, sem serem simbolizados.

Nos rituais da dança, acompanhados pelos sons invocantes dos tambores que ressoam nos corpos, também vemos a busca de novas formas de expressão corporal. A dança das tribos africanas é uma intensa forma de expressão do corpo que não tem a harmonia da dança clássica, os movimentos são mais bruscos, impolidos e quase compulsivo. Mais que tentar se enquadrar em uma elaborada cenografia, parecem respostas espontâneas ao estímulo auditivo, que opera aqui como pulsão invocante, o corpo "tocado" pela música parece querer ir além do espaço físico corporal, as pernas são jogadas para cima quase agressivamente, desafiando o limite da anatomia corporal, e os gestos são acompanhados por gritos libertadores e parecem querer manifestar um novo saber sobre o corpo.

Voltando ao Grupo Corpo, o coreógrafo Rodrigo Pederneiras, em entrevista ao jornal *O Tempo*, afirma ter introduzido pela primeira vez as palavras cantadas, em que a sonoridade é dada mais pelas palavras que pelos instrumentos.

A expressão do corpo, suportada pela voz, exerce uma função de maior catalizador de desejo. A atenção dos espectadores é convocada no palco pela função invocante da linguagem e uma chave de leitura é oferecida.

O ser humano, não tendo o instinto para norteá-lo, precisa frequentemente de parâmetros de referência, isso talvez explique em escala mais ampla a obstinada adesão a ideologias ou religiões rígidas e totalitárias, que assim se tornam inquestionáveis.

A referência aos "pais da cultura" se faz sempre mais necessária, especialmente quando, na atualidade, a função do pai e a estrutura familiar entraram em crise e mais frequentemente fracassam os valores subjetivos e particulares do indivíduo. O enquadre dentro de uma ideologia voltaria então a dar um conforto identitário.

Existem formas de sublimação como a arte em suas inúmeras realizações e a literatura que se destaca por ter um grande raio de alcance e atinge também as crianças. Vemos isso na leitura dos sugestivos contos de fadas, que ajudam os pequenos na elaboração dos conflitos psíquicos. É por isso que as crianças insistem na releitura infinita e eventualmente exaustiva da mesma história, com idênticas palavras, como relatado no livro *A psicanalise dos contos de fadas*, de Bruno Bettelheim.

Os adultos, por sua vez, absorvem as mensagens da cultura, contidas nas várias formas de manifestação artística, que hoje compreendem também a técnica de tatuagem e a *street art*. Esta última está ganhando sempre mais espaço nas grandes cidades, pinturas do tamanho da fachada de prédios representam, muitas vezes, em chave humorística (por isso conseguem escapar da censura) as falhas e os preconceitos da sociedade.

Temos pinturas de homens se beijando, homens brancos enlaçados afetivamente com homens negros, grandes torneiras pingando, representando as falhas da sociedade ou o desperdício.

Já na dança, temos maior expressão da plasticidade corporal. Observamos, então, que nas manifestações artísticas o corpo "fala", mesmo quando fica calado; talvez sejam essas suas expressões mais livres.

Eating disorder

No livro *Il cibo e l'inconscio*, Domenico Cosenza explica como os transtornos alimentares interferem na dismorfopercepção da corporalidade.

Na obesidade, por exemplo, temos um corpo desfalicizado, deserotizado, esvaziado da função de catalizador de desejo do Outro, um corpo no qual uma outra mensagem pode encontrar inscrição.

Por meio da devoração – incorporação do alimento – verifica-se a negação da perda desse primário objeto de satisfação. Essa atitude visa apagar no Outro o despertar de um interesse sexual por um corpo que foge da necessidade de assumir uma posição sexuada.

O sujeito obeso tem uma distonia em relação à imagem que os outros têm do corpo dele e acredita que o seu verdadeiro corpo é um outro.

Frequentemente tem um ideal corpóreo já realizado e harmônico com seu ser e, mesmo quando procura o emagrecimento, por se opor à pulsão oral desregulada, reassumindo o controle de si, evita a alienação especular da própria imagem corporal. De alguma forma, parece que na experiência especular o obeso é menos assujeitado à marca dos significantes do Outro: "você é gordo, é obeso, fofinho, redondinho". No imaginário, consegue assim construir uma imagem "outra" de si.

Na verdade, o espelho do sujeito obeso é um espelho diferente, em que ele se vê sem referência ao Outro. Evitando confrontar seu ideal corporal com os Outros, que deixam de ser uma referência especular, o obeso alcança assim uma ideal sintonia com o próprio corpo.

Esse é um dos motivos pelos quais as tentativas de dietas de emagrecimento são obliteradas. Evitando a alienação no campo simbólico do Outro, sujeitos obesos fogem da dinâmica intersubjetiva e resgatam a egossintonia com o próprio corpo, declarando não identificarem-se com a imagem que os outros têm do corpo deles. Demonstração disso é o fato, por exemplo, de quererem se adaptar a toda e qualquer moda, na vestimenta às vezes inadequada, assim como o fato de frequentemente afirmarem se sentir completamente à vontade de maiô ou biquíni, ou sunga, mesmo com as próprias redondezas.

Entretanto, esses podem ser também comportamentos por vezes dissimulados, que escondem um conflito psíquico que mascara problemáticas muito difíceis de serem elaboradas e que podem encontrar no corpo um gozo sintomático.

Na base de sintomas anoréxicos ou bulímicos, também existe uma distorção da imagem corporal, trata-se de pessoas que, por meio do sacrifício do próprio corpo, tentam resgatar uma harmonia no psiquismo.

Diferentemente dos obesos, que veem o corpo ideal já realizado, nos sujeitos anoréxicos, percebemos um imperativo superegoico que os leva a sacrificar o próprio corpo a um ideal tão inquestionável, imperativo e inquietante que os conduz às vezes à nadificação e à morte.

Aqui também temos uma deserotização do corpo e uma negação da relação sexual, que se manifesta com a recusa a assumir uma posição sexuada. Lembramos, por exemplo, que a falta ou a subtração do alimento pode ocasionar nas mulheres a interrupção do ciclo menstrual, um dos marcos da feminilidade, renegado pelas anoréxicas.

A alimentação como dom que pode ser oferecido é sempre ligada à demanda de amor e instaura assim o desejo no Outro, que disso se beneficia, mas é devastador para a anoréxica que seu desejo de amor seja confundido com sua necessidade. No núcleo estrutural da anorexia, frequentemente, a função de comer rien/nada é um comportamento ativo e reativo, algumas vezes ligado ao trauma do desmame e que tem como função despertar no Outro um desejo para o sujeito. O “como nada” da anoréxica, em contraposição ao “come que te faz bem” da cultura, evidencia que ela se encontra fora do discurso social cultural, fechada em um gozo autístico que, furtando-se ao saber inconsciente sobre a impossibilidade da relação sexual e do horror da castração, desvenda assim o gozo sem limites que a anoréxica procura na conduta alimentar.

ATÉ O OSSO

O filme *To the bone* é um exemplo bastante esclarecedor e expositivo das problemáticas relações com o alimento e das suas possíveis caracterizações patológicas, que podem chegar à recusa do corpo pulsional e, como última consequência, até a morte.

Em uma clínica para tratamentos se cruzam os relatos de vida de seis jovens moças e Luke, um rapaz que é um dos propulsores dos acontecimentos que vão favorecer uma mudança no desenvolvimento sintomático e gravemente patológico do percurso de vida de Ellen, a protagonista.

O diretor da clínica marca reuniões com os familiares dos pacientes e se evidenciam assim, na história de Ellen, as graves carências afetivas. O pai nunca apareceu, a mãe vive com outra mulher e se mudou para outra cidade e tanto ela quanto a madrasta de Ellen demonstram na fala um forte egocentrismo, parecem querer ocupar a cena, esquecendo a moça, a quem não é concedido o espaço da palavra. Ellen escuta e, diante da surdez do Outro, acaba sussurrando – sinto muito por ser um problema pra vocês, e não uma pessoa.

Os familiares parecem estar preocupados mais com o aspecto físico e a magreza da moça, porque esta sim é a face visível do problema em sua vertente provocatória e acusatória, pois revela mais a posição sintomática que Ellen ocupa nessa família do que aquilo que a moça sente e não consegue verbalizar.

Os encontros com os familiares são um fracasso, e o diretor da clínica decide suspendê-los. Sem uma verbalização não é possível para Ellen um deslizamento na cadeia significante, na tentativa de responder ao enigma do lugar que ela ocupa no desejo do Outro.

Ellen tem uma irmã, Kelly, fruto do segundo casamento do pai, que tem empatia para com ela, que tenta entendê-la e lhe pergunta por que ela faz isso, mas, ao mesmo tempo, a censura por não ter estado presente nos eventos mais importantes da vida dela, já que Ellen teve quatro internações e frequentemente estava fazendo tratamento.

Existe uma ligação afetiva entre as moças, mas Kelly ameaça cortá-la e fala a Ellen: "Se você morre... eu te mato". A luta de Ellen pela sobrevivência não pode acabar, isso representaria para Kelly o desmoronamento de um ideal do Eu, que pode sobreviver mesmo em circunstâncias adversas e escancararia para ela a realidade mais cruel que equipara todo ser humano – a castração, como dado fundante de cada estrutura, mesmo na psicose, quando dela se tenta fugir. O diretor da clínica tem uma postura de provocação e desafio e estimula Ellen a buscar novos caminhos identificatórios, assim propõe à moça a mudança de nome. E, frente aos impasses dela, assegura: "É só você querer".

Um novo horizonte parece se abrir para Ellen, que agora se chama Eli. Luke, o seu colega na clínica, apaixona-se por ela e lhe pergunta: "Você sabe que é linda?", pergunta essa que Eli não sabe responder – e também a convida para jantar fora e, antes disso, traz o biscoito preferido dela e a convida a colocá-lo na boca e a manuseá-lo repetidamente. Essa experiência tátil com o alimento, acompanhado pelo desejo do outro, a fará reaproximar um pouco de uma oralidade por ela renegada e permitirá usufruir do alimento, pois na sequência ela comprará e conseguirá comer o próprio biscoito, engolindo pequenos pedaços. Existe, por parte de Luke, um estímulo à busca fálica na oferta e na explicação de como comer o biscoito, fazendo-o deslizar nos lábios, talvez voltado a despertar uma sexualidade que, bordejada pelo registro fálico, possa dar um contorno ao gozo que, frequentemente na anoréxica, transforma-se em gozo autístico, sem alteridade.

A anoréxica atua em um processo de desfalicização do corpo, emagrecendo a ponto de cancelar nele os símbolos da feminilidade (seios, ciclo menstrual), o corpo é assexuado, deserotizado.

No interno da clínica, no entanto, um evento imprevisto faz vacilar a certeza das pacientes de serem incapazes de gerar um filho, já que uma delas, Megan, está grávida. A gravidez é vista a princípio, pela moça, como algo desestabilizante, algo que saiu do controle em uma realidade em que tudo é rigorosamente controlado, uma vez que se sabe o valor calórico de cada alimento. Mas, aos poucos, outra consideração prevalece, pois se considera que seria bom pensar em um outro também. Isso inclusive ajudaria a anoréxica a sair um pouco do egocentrismo no qual ela se fecha, cultivando seu gozo autístico.

Algo, porém, sai do controle, e a puérpera, em um desesperado arrependimento de ter provocado a crise de vômito, acaba perdendo, nesse processo expulsivo, o bebê.

Megan não estava pronta para aceitar o processo transformador do próprio corpo, que na gravidez passa inevitavelmente por mudanças e ganho de peso. O possível caminho que estava se abrindo em direção ao Outro foi interrompido; para sair do egocentrismo autorreferencial, Megan terá que traçar novos caminhos para que possa, enfim, fazer laço com o Outro.

O Real da morte que o aborto escancara remete os pacientes à outra morte, aquela do desejo do Outro e pelo Outro e da consistência sempre trêmula e precária das relações entre seres humanos, pois Eli comenta: "Quando dizem que te amam, amam a si mesmos, ou aquilo que podem pegar de você".

Lembrando Freud, na questão do narcisismo: "[...] a imortalidade do ego, tão oprimida pela realidade [...] é alcançada por meio do refúgio na criança", e ainda, "[...] o narcisismo dos pais renascido, transformado em amor objetal, inequivocamente revela sua natureza anterior".

Entretanto, a relação entre Eli e Luke, seu colega na clínica, fica mais próxima e ele tenta beijá-la. Eli aceita, mas de forma passiva e sem envolvimento, e quando ele se declara apaixonado, fica desconcertada.

A anoréxica tem um defeito de inscrição simbólica, a ancoragem ao significante fálico é fraca, assim, as investidas de Luke não provocam em Eli um empuxo ao gozo sexual, ao contrário, ela foge do desejo do outro, manifestado em forma de erotismo, e se afasta do rapaz.

No entanto, o rapaz, desconcertado ao descobrir que o problema que tem no joelho, que interrompeu sua carreira de bailarino, não irá sarar, declara-se mais uma vez a Eli: "Agora só tenho você", mas Eli, já intencionada a deixar a clínica, afasta-se e não encontra uma só palavra de despedida para ele. Para Eli, essa declaração do rapaz é inquietante, pois reabre o enigma: o que eu sou no desejo do outro?

Ela foge do horror do saber sobre a inexistência da relação sexual, do Real sem contorno simbólico e da falta de garantia, mas busca uma resposta voltando às experiências primevas, à origem da relação com a mãe, uma mulher que admite que teve depressão pós-parto e que só dava alimento.

Como lembra Domenico Cosenza, no livro *Il cibo e l'inconscio*, é devastador para a anoréxica quando sua demanda de amor é confundida com a necessidade de nutrição.

Mas Eli encontra agora uma mãe diferente, ela está disposta a aceitar o posicionamento subjetivo da filha, e declara: "Se você quiser morrer eu te respeito..., mas eu te amo", e se oferece, na sequência, para dar a mamadeira à filha e a embala, resgatando agora em Eli a criança que a experiência de um passado distante tinha ofendido.

Assim a moça percebe que há um lugar para ela no desejo do Outro e se afasta para se encontrar, sobe uma colina e se deita no chão. É um momento de profunda introspecção e, cativada pelos raios de luz da Lua, declara a ela a sua aprovação, falando: "Ok, tudo bem". É o começo de uma mudança. Eli cai no sono, e no sonho é Luke que vai acordá-la, é ele que a convida a olhar para a imagem de um corpo emagrecido, até o osso, no qual ela parece se ver pela primeira vez. Nesse espelho imaginário, proporcionado pela atividade onírica, Eli não reconhece mais um Eu ideal, mas o Real do corpo, esquelético, emaciado. Volta, nessa imagem especular do corpo anoréxico, o Real do objeto olhar.

A angústia agora divide o sujeito, a imagem do corpo de Eli é egodistônica, não faz mais um com seu ego autárcico, abre-se a possibilidade de que o sintoma se torne significante e, por isso, analisável. Assim, ela volta para a clínica, dessa vez, sem ser levada pelo Outro, mas seguindo o caminho do seu novo despertar. Agora que o desejo da mãe primordial já foi resgatado, outros desejos serão acessíveis para Eli, e se abre um novo caminho, trilhado pela reativação do Real pulsional no corpo, possibilitando o advento de um novo sujeito.

PERCURSOS SINTOMÁTICOS NOS TRANSTORNOS ALIMENTARES – O CASO FABIOLA

O livro *Todo o pão do mundo* narra a história de Fabiola, que sofre de *eating disorder*, manifestada na alternância de sintomas de anorexia e bulimia.

A mãe dela, nas tormentosas vicissitudes da própria vida, sempre a convocou em cena, procurando seu apoio, parecendo às vezes inverter a posição de mãe-filha, salvo depois de se esquecer de Fabiola, quando estava seguindo os tortuosos caminhos em busca da autonomia e da felicidade.

Foi difícil para Fabiola a separação do campo materno, para o qual era convocada a ser ponto de apoio, a mãe continuou assim a ser uma imagem alienante na qual se espelhar, e na impossibilidade da separação construíram-se soluções sintomáticas.

Fabiola, identificada com a mãe, que não a inclui no desejo e, portanto, nada lhe demanda, tem apenas a oferta do alimento e, por estar fora do circuito do desejo materno, na falha do ponto de basta, é levada à compulsão, à superalimentação.

Com o transtorno do apetite, Fabiola quer incidir nas falhas da relação entre o sujeito e o Outro – que não é inteiro e só pode ser apreendido em pedaços –, e o alimento, único pedaço acessível a ela, mesmo na ingestão espasmódica e excessiva não é suficiente para tampar o buraco da castração nem mesmo os antros do seu estômago.

Alternam-se na vida da jovem fase de recusa da ingestão do alimento e fase de alimentação irrefreável e compulsiva, seguida pela provocação de vômitos expulsivos de todo o alimento ingerido.

De um lado, a salvaguarda de um desejo puro não condicionado pela necessidade, do outro, a única forma de autonomia que Fabiola adquiriu, o controle sobre a ingestão-expulsão de alimento como maneira de manipulação do próprio corpo que se torna lugar de escoamento de todas as angústias, termômetro da temperatura das tensões externas, que ela procura anular com a expulsão de todos os alimentos, em busca da homeostase, na qual, tristemente, se esvanece sua ninfa vital.

Anular, traduzido em francês como *anéantir*, significa reduzir ao nada, é isso que a anoréxica faz com o alimento, expulso com crise de vômito, logo depois de ser ingerido. A anoréxica come o objeto *rien*/nada.

Na falta de um Outro regulador é mais difícil para a pulsão que contorna o objeto *a*, que se sabe perdido, mas apto por isso a ser trocado, encontrar objetos substitutos.

Fabiola reflete isso na conduta ambivalente de ingestão-expulsão do alimento, repetindo compulsivamente o encontro e a separação do objeto, que para ela não tem contorno: é todo o pão do mundo.

O estômago tem que ser continuamente esvaziado para possibilitar novas maciças introjeções de alimentos. Um *Fort-da* no qual, para acalmar a angústia, o objeto é afastado, só para poder ser repentinamente reaproximado, para tampar um vazio, até a próxima expulsão.

No livro *Clínica dos fracassos da fantasia*, Silvia Amigo nos fala do complexo alimentar materno e paterno. O complexo materno se refere à vetorialização do gozo. A mãe incorpora no próprio erotismo a criança, pois esta é o falo que lhe falta, e lhe oferece o peito, juntando a função oral de comer com o oral da linguagem, pois une a comida à ação de falar.

É fundamental que uma mãe *good enough*/suficientemente boa proporcione à criança uma intricação pulsional, ela dá o leite (pulsão oral), palavras (pulsão invocante) e olhar (pulsão escópica), pois ela narcisicamente adianta, para o filho, uma imagem de boa forma, que é anterior ao estádio do espelho e que se reflete no olhar materno, porque o olhar é a primeira forma de comunicação entre mãe e filho e antecede a palavra.

A mãe também sustenta muscularmente a criança em seus braços (pulsão anal); sem intrincação, a pulsão é tanática, pois, se é isolada, não há barra ao gozo infinito e por isso mortal.

Para o complexo alimentar paterno, Silvia Amigo baseia-se na obra de Freud, *Totem e tabu*. Havia um pai primevo e gozador, fundador da lei, pois só ele podia gozar de todas as mulheres. Abro aqui um parêntese, pois querer gozar de todas as mulheres remete à falta do significante da feminilidade, não existe a categoria a Mulher, por isso elas podem ser imaginariamente encontradas só no um a um.

Voltando ao texto, os filhos excluídos de gozar do corpo das mulheres se rebelam contra o pai e decidem matá-lo. A falta da lei levaria os irmãos a uma conduta fratricida, então eles decidem fazer um pacto em que se estabelece que, em um banquete totêmico, vão comer o pai, cada um incorporando um fragmento da lei que delimita e baliza o gozo. Esse gesto indicará a cada irmão com quais mulheres é permitido ter genitalidade, excluindo as outras.

A entrada da norma se faz pela boca, na introjeção da lei do pai ou, melhor, daquele pedaço que não exclui todo o gozo, mas que o cerca e o direciona. O banquete totêmico é um protótipo de toda comida social, com seu ritual solene, submetido a regras (lembramos aqui também *O banquete* de Platão, como sujeito a normas e ética da cultura que impõe uma certa ritualidade). O que se ingere com o alimento é um segmento da lei que põe uma barra ao gozo absoluto.

Para Fabiola, que coincidentemente é órfã de pai desde tenra idade, parece que o complexo alimentar paterno não atua na sua conduta alimentar, pois ela quer comer todo o pão do mundo.

Lembramos que o banquete é submetido a regras e rituais. O que a anoréxica não tolera é justamente a oferta de uma comida não normatizada, na qual o desejo do Outro não seja implicado.

Na cultura popular, frequentemente se baseia o fundamento de muitas regras comportamentais. Um ditado italiano diz: "Quem não come em companhia ou é um ladrão ou um espião". Furtar-se à lei da comensalidade significa lidar com um gozo obsceno, que não participa da lei do banquete, uma comida sem a escansão da palavra, sem laço ao outro, uma intrusão furtiva não autorizada, por parte de quem não se submete à lei do banquete; come escondido sem outro limite que não aquele corporal, delimitado pelo próprio estômago, que pode ser continuamente esvaziado e novamente saciado.

Não se pode falar, no entanto, que Fabiola não está no laço social, ao contrário, ela pretende com seu comportamento atingir o Outro no ponto de falta, oferecendo um corpo emaciado e inquietantemente magro, desfalicizado. Seguindo a trilha desse gozo mortífero, ela provocava então vômitos expulsivos de toda a comida ingerida.

Um outro caso clínico de *eating disorder* revela o percurso sintomático de uma paciente que, nos dias mais difíceis, em que os desafios pareciam maiores, permitia-se comer além da necessidade, a título de compensação e sempre escondido. Frequentemente voltava do restaurante ainda faminta, para depois sozinha se entulhar de comida em casa. A culpa que se seguia a essa atitude a convocava a repetidas, mas inúteis, tentativas de vomitar.

Lembrando Fabiola, o vômito servia só para esvaziar o estômago, aniquilando o alimento, mas não a angústia de uma boca solitária, de um banquete não normatizado, no qual nem o complexo familiar materno, e nem aquele paterno participavam.

Nem todo o pão do mundo pode tampar o buraco do estômago e da castração, e na falta de uma seriação de objeto que pode fundamentar a fantasia, Fabiola acaba se oferecendo ao Outro por inteiro. Para ela, a comida tem que ser imperiosamente ingerida em um contínuo *Fort-da*, até a exaustão, pois o alimento objeto da primeira experiência de satisfação é continuamente procurado em uma tentativa de incisão no desejo materno. Todavia, para alojar-se no desejo da mãe, precisa encontrar nela um ponto de falta ao qual possa responder, na fantasia, com um pedaço de si, mas Fabiola oferece obstinadamente tudo de si, o corpo inteiro, até o ponto de perdê-lo, fazendo laço com a pulsão de morte.

O sintoma de Fabiola, no entanto, é direcionado ao Outro, e ela consegue transferi-lo para a análise e ressignificar sua experiência de vida, contornada também no relato que faz no livro autobiográfico que é, para todos os profissionais da saúde psíquica, um precioso testemunho de um longo caminho de cura.

Para examinar as problemáticas de distorção de autoimagem é importante voltar às experiências constitutivas da fase do espelho.

O Outro que leva a criança até o espelho dá um contorno ao imaginário e vai apaziguar a excitação da criança que pela primeira vez se vê inteira na sua imagem refletida. Introduzindo o simbólico na fala "este é você", o Outro oferece à criança uma imagem na qual ela pode se reconhecer.

Entretanto, na passagem do corpo à imagem, há um resto invisível, a angústia, pois o Simbólico não diz tudo, algo da imagem sempre escapa. Há o limite também do Imaginário, o espelho não guarda as imagens nele refletidas, e assim o sujeito estará sempre buscando seu Eu ideal, cada vez que for se espelhar.

O mito de Narciso – que não sabe que a imagem refletida no espelho d'água é dele e que, encantado por si mesmo, morrerá tentando se alcançar – é emblemático da demonstração sobre a importância da intervenção simbólica do Outro para o reconhecimento da imagem de nós, entretanto, ela sempre nos escapa como totalidade.

No nascimento, a criança prematura percebe logo a sua dependência e aprende a se espelhar no olhar confortador do Outro. É no espelho desse olhar que se fixam marcas de aprovação ou de desapontamento sobre sua existência no mundo e, mais ainda, lembrando o esquema ótico de Bouasse, será dependendo do posicionamento do olhar do Outro que o sujeito terá uma *Gestalt*. Assim, no esquema, o vaso e o buquê de flores, antes em posições separadas e invertidas, se o olhar estiver bem posicionado, poderão ser vistos na imagem unitária de um vaso preenchido com flores, metáfora das projeções que as mães farão nos filhos.

É o encontro faltoso do sujeito com a imagem que explica a dimensão humana de insatisfação permanente com a própria forma.

Os hábitos alimentares se ressentem dessa sensação de inadequação do corpo, principalmente hoje em dia, que as mídias e os novos meios tecnológicos da informática levam a uma exposição progressivamente maior. As telas são infinitas réplicas do corpo-imagem, intervenções simbólicas se fazem sempre mais necessárias para organizar a proliferação do imaginário. Entretanto, o hiato entre corpo e imagem sempre maior cria voragem sempre mais profunda, onde a angústia incide.

Existe um certo modismo nos hábitos alimentares, assim algumas pessoas se declaram veganas ou vegetarianas, ou fazem dietas rígidas com exclusão de carboidratos, ou dietas com a exclusão de conservantes, corantes, gorduras, aditivos químicos etc.

Alguns comportamentos, entretanto, mostram sua vertente obsessiva. Entre os novos transtornos, na ortorexia, termo que deriva das palavras gregas *orexis* – "apetite" e *orthos* – "correto", pessoas adotam condutas extremistas em relação à ingestão dos alimentos, que devem ser rigorosamente saudáveis e de origem controlada. Frequentes são os casos de ortorexia nervosa com insidiosa preocupação de consumir só produtos naturais.

Os principais sintomas da ortorexia são:

- recusa a alimentos industrializados;
- foco excessivo em seguir dieta saudável;
- preocupação com a origem e o preparo dos alimentos;
- afastamento do convívio social;
- evitação das refeições fora de casa;
- exclusão de alguns tipos de alimentos da dieta: carnes, açúcares e gorduras;
- sensação de culpa e tristeza ao consumir alguns alimentos fora da dieta;
- preocupação com as informações nutricionais do alimento.

Acredita-se que o hábito de fotografar tudo o que se come e o maior uso das redes sociais estão associados ao aumento desses sintomas.

Os transtornos podem evoluir gradativamente para dietas com cada vez mais restrições e falta de alimentos necessários à saúde. Esses comportamentos podem ocasionar a desnutrição e posteriormente a morte. Intervenções de equipes especializadas na área psíquica se tornam assim necessárias, e o uso de medicamentos com finalidade de restabelecer a saúde física e mental se torna um válido aliado.

A pergunta, entretanto, é se o fato é um novo sintoma ou é um disfarce atualizado da anorexia.

O comportamento aqui parece ser menos opositivo em relação ao Outro (mesmo que bastante seletivo) e baseado mais na interferência de fatores objetais, pois se avalia o efeito da ingestão dos alimentos no organismo.

Aparentemente as dinâmicas familiares parecem estar menos envolvidas do que na anorexia. De fato, o esmero na escolha dos alimentos pode parecer uma razoável preocupação em economia em que o máximo aproveitamento dos cultivos leva a se introduzir, na agricultura, aditivos químicos e herbicidas que, acima de certa dosagem, podem ser nocivos ao organismo. Entretanto, a progressiva seleção dos produtos pode levar a um lento, mas preocupante, empobrecimento do organismo, com grave prejuízo para seu equilíbrio e seu bem-estar.

O comer *rien*/nada da anorexia é aqui substituído por comer *seulement*/só, e se não houver uma intervenção sobre as causas desse distúrbio, esse caminho destrutivo pode levar a consequências irreversíveis.

Algumas características se distinguem nas patologias alimentares. Na anorexia, temos uma fixação no corpo-imagem que é causadora da sensação de inadequação e a subtração progressiva dos alimentos; na ortorexia há a seleção escrupulosa e obsessiva de determinados alimentos; e na vigorexia, como veremos, o acréscimo indiscriminado de alimentos com alto valor nutricional. Essas duas últimas patologias se sustentam na falsa premissa de assim ganhar mais saúde.

Na anorexia, temos frequentemente um apelo na cena, ao Outro do desejo; já na ortorexia há um comportamento que acaba por excluir o Outro, pois as tantas restrições alimentares com a escolha obstinada, seletiva e escrupulosa dos alimentos fazem das refeições um ritual em que se passa muito tempo lendo os rótulos dos alimentos e pesquisando a respeito. O ato de comer se transforma em comportamento solitário, excluído do laço social.

Na vigorexia, ao contrário, a preocupação é com a ingestão de sempre mais alimentos com alto valor energético e nutritivo, temos aqui, mais uma vez, a preocupação com o corpo-imagem. O sujeito vigoréxico tende a se enxergar como alguém fraco e pequeno, na relação especular, a mancha no espelho sobressai, e o vazio do Simbólico urge para ser preenchido. Existe uma dismorfopercepção grave da imagem, e, como consequência, é comum o consumo de suplementos alimentares, o uso de anabolizantes e a prática de exercícios físicos excessivos e extremos.

O falicismo masculino tem como representante físico um músculo – o falo. Em uma entrevista da psicanalista francesa Marie-Hélène Brousse, assistimos a um trecho do filme *O Predador*, de John McTiernan, com Arnold Schwarzenegger. A primeira cena mostra uma queda de braço entre ele e outro homem, e a câmera se fecha sobre os bíceps bastante desenvolvidos. É uma clara disputa pelo poder de dominação, explicitada na detenção da pura força física. Uma clara disputa para mostrar quem tem o músculo maior. Esses músculos eretos e, ao mesmo tempo, vazios representam a falta pela qual se busca uma compensação no uso da força e da dominação.

No vídeo vemos também cenas do filme *Oito e meio*, de Federico Fellini. Aqui, Marcello Mastroianni, o protagonista, usa um chicote para dominar as mulheres que, entretanto, são frutos da imaginação do diretor. As mulheres mais velhas são afastadas, na decadência do corpo se entrevê o fantasma da morte... A importância dos padrões de beleza é evidenciada nessas cenas onde é o corpo que mostra a identidade e o valor das pessoas. Considera-se, entretanto, que a potência representada nos bíceps e no chicote também é fruto do imaginário "padrão masculino". Pois, para o homem, a mulher é alcançável só na fantasia.

Hoje em dia, na cultura do imaginário, a força dos músculos (potência para o falo, força e vigor para os bíceps) é fortemente exaltada, e a série de filmes do citado ator o confirma. Mas existem motivações mais atávicas também, pois, desde os primórdios, a força era necessária para a sobrevivência, era preciso caçar e às vezes lutar para garantir o alimento. Acreditava-se que os indivíduos mais fortes tinham mais chances de sobreviver, principalmente onde as forças da natureza eram mais impetuosas e imprevisíveis. Até na manutenção da espécie, as mulheres frequentemente escolhiam homens mais vigorosos para serem pais de seus filhos.

No mundo animal, também no acasalamento, vigora a lei do mais forte, tanto para submeter a fêmea quanto para ganhá-la na disputa física com os outros.

Alguns homens ainda acreditam que para conquistar uma mulher é necessário e prioritário mostrar o vigor físico. Essa estratégia foi usada por meses nas lojas de departamento da Abercrombie. Na entrada, exibiam-se jovens rapazes musculosos, vestindo só calças jeans, e um fotógrafo tirava foto de lembrança das clientes que, com prazer, aceitavam ser fotografadas com os modelos. Assim se acredita que a beleza e os músculos são um forte atrativo e um elemento importante na sedução.

Registramos agora uma disseminação de novas academias nas ruas, e prédios com equipamentos sempre mais direcionados, aperfeiçoados e específicos para a obtenção de novas medidas e de novas formas revestidas de valor fálico. Paralelo a isso, temos a expansão no mercado das lojas que vendem suplementos alimentares e anabolizantes.

A cultura moderna exalta muito o valor e a forma do corpo, que é exposto sempre mais, com o proliferar das mídias e dos recursos da internet, ao olhar alheio. Na prevalência da pulsão escópica, os *reality shows*, inclusive, são a nova tendência que a televisão, desde sempre rainha das telas, está divulgando. O corpo-imagem adquire sempre mais valor estético e social, importante de ser alcançado. Na pobreza de recursos simbólicos, nascem assim novas importantes patologias.

Traumas sexuais

É importante, nos traumas sexuais, o papel da fantasia. No filme *Precious*, do cineasta Lee Daniels, a jovem protagonista vive em um ambiente de extrema pobreza e é obrigada a servir a mãe em todas as necessidades, além de ser regularmente estuprada pelo padrasto.

A agressividade dos episódios traumáticos se contrapõe à fantasia de Precious. Em outra cena, ela se transforma em uma linda mulher que, vestindo roupas de grife e segura de si, vai a bailes todas as vezes que o corpo é violado e invadido pela violência e brutalidade do padrasto. A recusa a ficar em posição de objeto de um gozo desmedido do Outro tem seu resgate na fantasia, a única que lhe possibilita a construção de um novo cenário no qual, não mais objetificada, possa enfim existir como sujeito gozante.

Sustentada por esse resgate imaginário, Precious conseguirá uma superação, frequentará uma escola e ocupará um lugar no social, mesmo carregando algumas marcas, pois o padrasto infectará com Aids ela e o filho dessa relação abusiva. Marcas que não podem ser canceladas ficarão no Real do corpo.

No filme *Belle de Jour*, a protagonista, mulher bem-casada, respeita nas noites em casa, com o marido, o semblante de boa esposa, mas algo do Real do corpo escapa dessa janela imaginária, e ela frequenta de dia os prostíbulos, onde oferece o seu corpo ao Outro como puro objeto de gozo.

Na infância, ela foi abusada pelo pai, o prazer do amplexo fixou suas marcas no Real do corpo. A proibição das relações, barradas e furtivas, transformou em gozo os desejos proibidos. Na idade adulta, a protagonista volta, na repetição, ao prazer de sentir o próprio corpo transgressivamente explorado pelo outro, realizando a fantasia de ser puro objeto de gozo.

Na experiência do amplexo, o corpo do Outro é sempre inapreensível, não existe fusão dos corpos, são sempre duas entidades distintas. É na intimidade das vivências com o outro que o corpo do sujeito revela os seus segredos, mas será sempre com a própria fantasia que o sujeito goza.

A relevância do papel da fantasia se salienta também na Síndrome de Estocolmo, em que a vítima acaba se apaixonando pelo agressor.

O usurpador pode imaginariamente representar um ideal de força, coragem, ousadia e determinação, algo que, oferecendo um contorno simbólico e imaginário, faça elo com o Real do corpo da vítima, gerando assim um afeto que venha de alguma forma reorganizar a vida psíquica do sujeito.

Existem também fantasias de ocupar o lugar de vítima de abuso sexual, e a vitimologia é a disciplina da área jurídica que procura comprovar que nos crimes pode haver uma concomitância e sobreposição de causas, pois a vítima pode ter papel ativo na produção da cena traumática.

Algumas mulheres sentem prazer ao serem estupradas, situação que manifesta frequentemente a emergência de desejos sadomasoquistas, às vezes é a contingência que reativa nelas marcas de gozo experimentadas no passado.

Acontece também que algumas mulheres, ao serem colocadas com tanta animosidade e fervor sexual em posição de objeto, confundem o papel de sujeito na relação com aquele de objeto de puro gozo do Outro e ficam subjugadas, vítimas do engano no qual o parceiro as arremata. A atuação da fantasia perversa sobre um corpo que é puro objeto de gozo mostra assim a sua face devastadora.

Um caso clínico de uma moça que foi estuprada três vezes nos faz refletir. A mulher sofre na infância a sedução do pai, primeiro objeto de investimento libidinal, em época muito prematura. Essa experiência traumática pode deixar marcas no corpo de um *quantum* de energia a mais, que o aparelho psíquico não consegue elaborar, algo que precisa então ser reativado, até encontrar uma nova significação. Aquilo que o sujeito não lembra encontrará na contingência uma possibilidade de repetição e revivência, na busca de novos significados. É possível supor então que, entre outros fatores, as mulheres vítimas de estupro busquem a revivência do episódio traumático supostamente vivenciado no passado.

Pode emergir também, nessas situações, o gozo a mais da mulher, que aparece onde a referência ao gozo fálico não dá conta de contornar algo que escapa ao significado, pois, como diz Antonio Quinet, no livro *Os outros em Lacan*, trata-se de um gozo que não dá para ser explicado, só pode ser experimentado. Só a repetição é testemunha da sua existência.

O nosso corpo pulsional e erótico visa sempre ao alcance de uma satisfação que já foi perdida, talvez experiências frustradas possam aproveitar do contingente para fruição de um gozo em volta daquilo que sempre resta do objeto *a*.

ETIOLOGIA DA HISTERIA

Na etiologia da histeria podem se separar, entre outros, dois importantes fatores estruturais. O primeiro, já observado por Freud e Lacan, baseia-se no despertar precoce da sexualidade, que a histérica atribui à sedução operada, quase sempre, pelo pai.

O segundo fator, a meu ver, é cultural e encontra respaldo na tentativa de repressão da sexualidade feminina, subjugando a força expansiva do universo mulher.

Segundo a cultura machista, as mulheres não podem ser "fáceis", não podem transar com muitos homens, não podem ter muitas experiências, não podem dispor do próprio corpo na sua totalidade. Frequentemente não podem manifestar seus desejos mais íntimos e assim, envolvidas nessas mistificações e nos enganos de um corpo que tem que ser muitas vezes silenciado, acabam confundindo os seus sinais. Excitação e repressão se alternam em um balanço de vaivém que as confunde e deixa também os seus parceiros como vítimas das incompreensões e mal-entendidos.

Estamos longe dos tempos do cinto de castidade, mas, no psiquismo, outras restrições ainda manifestam seu peso, impondo às mulheres, por vezes, significativas limitações à livre expressão do desejo e à livre fruição do próprio erotismo.

O desejo insatisfeito, porque proibido, da histérica, seduzida no seu primeiro despertar sexual – ainda que esta seja a realidade psíquica dela e não a factual –, condiciona a dinâmica do desejo nas sucessivas manifestações nas quais o gozo do sintoma toma o lugar do desejo insatisfeito. Mesmo quando a sedução foi fruto só do imaginário, o que conta na determinação da estrutura do sujeito é a realidade psíquica.

A cultura, por vezes discriminatória em relação à liberdade das mulheres (talvez por isso também a histeria é prevalentemente feminina), leva-as a frear os próprios desejos, perpetuando assim a insatisfação já experimentada na infância. Em decorrência disso novas sintomatologias podem aparecer.

O filme *To the bone* é elucidativo pois, além de ser um relato de uma grave patologia alimentar, remete-nos também à postura ambivalente da histérica em relação ao próprio desejo. É o caso de Eli, a moça que, internada em uma clínica, com grave sintomatologia de anorexia, começa a estreitar uma ligação com o colega Luke, que mostra um efusivo interesse por ela.

A princípio, Eli, mesmo que com uma postura um pouco ambivalente, parece comprazer-se e visita o rapaz no quarto dele à noite, para conversar. Mas o episódio revelador da falta de investimento libidinal será a cena no jardim. Os jovens conversam um pouco sobre experiências sexuais que Eli nega, recusando a chave de leitura sexual da própria feminilidade, mas o desejo de Luke urge por ser realizado, assim ele a beija. A resposta é inesperada. Eli sente-se invadida, surpresa pelo imprevisto comportamento do rapaz, imediatamente se afasta, renegando o próprio desejo, que não encontrará assim o caminho da realização.

Entretanto, é possível também encontrar na histeria não só a renegação de um desejo, mas eventualmente a manifestação de um desejo a mais. O que é temido nesse caso é a morte do desejo do outro, só a perpétua insatisfação dele assegura a sobrevivência. Trata-se de um desejo a mais que se sustenta então em suas articulações imaginárias e não visa à satisfação factual.

A histérica pode ficar presa em um círculo vicioso entre desejo insatisfeito e gozo, até um novo desejo conseguir desvincular-se dessa dinâmica mortífera e alcançar finalmente alguma satisfação.

Nos tempos de Freud, em uma cultura em que a moral sexual era fortemente repressiva, a histeria feminina era manifestação no corpo daquilo que, para as mulheres, era impossível de se dizer. Os sintomas histéricos corporais eram assim expressão dos desejos mais recônditos.

Hoje em dia, temos uma sociedade baseada mais no culto do imaginário, na valorização da estética e da perfeição, no estímulo à aquisição sempre maior de *gadgets,* na conquista de *status symbol* recoberto de valor fálico.

O sistema social contemporâneo também mostra traços de histeria, pois provoca, mas não garante, a satisfação dos desejos. O estímulo de sempre maiores aquisições obriga a um contínuo deslizar em uma corrente de valores sem fim, no deslumbre de uma possível satisfação pulsional, nunca totalmente alcançada.

GRAVES USURPAÇÕES DOS DIREITOS DAS MULHERES

Os enigmas do feminino sempre inquietaram os homens. Freud os expressava equiparando a mulher ao "continente negro da psicanálise", inexplorado, terra sem dono. Os tempos mudaram, mas o universo feminino é ainda desconhecido. Os homens, diante da mulher – que não está toda incluída na lei fálica e que não tem um significante mestre que a represente –, ficam mais entregues ao Imaginário, e as fantasias de traição das próprias mulheres são, às vezes, fruto dessa proliferação fantasmática.

Sem a barra do Simbólico, na falta de posse dos instrumentos que possibilitem a compreensão do significado dos acontecimentos, a conduta dos homens pode degenerar em violentas passagens ao ato. Assistimos assim ao preocupante aumento exponencial dos feminicídios e das violências sexuais, que podem ser vistas também como uma forma de aviltar, submeter ou silenciar a mulher, pois o gozo dela fica inapreensível para os homens.

Na ópera teatral *Carmen*, de Bizet, a protagonista é assassinada pelo antigo parceiro por não ter desistido da paixão por outro homem. Na atualidade, no Brasil, as estatísticas mostram que, a cada duas horas, uma mulher é assassinada pelo ex-companheiro, que não aceita o afastamento dela e cuja incompreensão desaba frequentemente em um ciúme doentio.

Devido à grande difusão desses trágicos acontecimentos, tentam-se novas formas de contenção – foi criado, por exemplo, um aplicativo no celular (uma tecla para clicar em caso de ameaça de perigo), com o qual se espera ajudar na prevenção dos crimes, especialmente lá onde a ética da cultura tem menos incidência e as violações dos direitos das mulheres são mais frequentes.

A diversidade sexual tem base anatômica. Todos os possuidores do falo se enquadram na categoria dos homens, mas as mulheres são identificadas com uma falta, aquelas que não o têm e cujo conjunto não constitui uma categoria, cada uma será considerada na sua singularidade. Isso dificulta a compreensão entre os sexos, a mulher não tem um universal que a represente, e o homem tem dificuldade de reconhecer-lhe a especificidade.

Para o homem não basta ter o representante do falo no corpo, precisa demonstrar a potência e a eficácia.

Entretanto, os homens são tão pouco convencidos de o ter que procuram o próprio falo na mulher, que se torna objeto destinado a refletir a luz fálica do próprio homem.

Para um homem, a perda de uma mulher-objeto poderá ser assim uma grave perda de falicismo, uma profunda ferida narcísica, que o aproximará do horror da castração.

As mulheres, para compensar a castração imaginária, querem "ser" o falo para os homens e demandam o dom do amor que é sempre singular. Já os homens almejam o "ter", que implica pluralidade, e buscam o apoderamento e o gozo do objeto.

Uma comprovação de potência fálica seria então manter a mulher sempre perto de si, subjugando-a ou até mesmo abusando dela sexualmente, mas, se a mulher emancipa-se da posição objetal ou, como diz Antonio Quinet, em *Os Outros em Lacan*, se ela fala tanto, ao ponto de não poder mais identificá-la ao falo, o homem perde então o poder fálico.

Sansão, o herói dos israelitas, tinha sua força nos cabelos, que não podiam ser cortados, mas foi traído por Dalila, a própria mulher. Assim, os homens que baseiam o poder na força e na determinação fálica temem o corte que pode ser operado pelas mulheres.

A mulher, como o homem, encontra-se no universal fálico, mas nem tudo dela está aí representado. Capaz de experimentar um gozo a mais, frequentemente equiparado ao gozo dos místicos, ela descortina um universo muitas vezes inacessível ao homem, derrubando os postulados do falicismo masculino. Colette Soler, no livro *O que Lacan dizia das mulheres,* nos diz que se trata de um gozo excessivo em relação ao ciframento possível, que assusta os homens e ultrapassa as mulheres; um gozo que não passa pelo inconsciente, não permitindo à mulher referenciar-se.

Na atualidade, as mulheres estão sempre mais dando voz ao próprio desejo e explorando os segredos da própria corporalidade.

Para o homem, o Outro do feminino não responde mais desse lugar de espelhamento imaginário, que refletia a luz fálica do próprio parceiro. Ao contrário, o Outro da alteridade pode hoje em dia ser visto como ameaçador. De fato, antes da emancipação feminina, as teias do Imaginário masculino davam mais conta de apaziguar a angústia de castração. Hoje em dia, as mulheres empoderam-se de maior liberdade de expressão, denunciam a falta e a castração mais insistentemente e publicamente, e os homens não estão preparados para bordejar simbolicamente as consequências que daí se desprendem nem para contornar aquilo que, da mulher, nunca quiseram saber. Assim sentimentos não elaborados de ódio e vingança tomam, às vezes, a preeminência. A castração tem de ser renegada, e a mulher, como entidade que pode ocasionar-lhe o corte, tem que ser peremptoriamente silenciada.

Vemos, na atualidade, com quanta violência e determinação os talibãs tentam reprimir as mulheres. Incapazes de reconhecerem a subjetividade e a liberdade, enquadrados no registro fálico, não conseguem decifrar o novo e o diferente que a mulher pode representar. Visando o "ter" mais potência e mais domínio, pretendem que isso possa ser alcançado com a violência também. Assustados com aquilo que pode escapar do próprio registro, não encontram outra saída a não ser silenciar as mulheres, às quais a instrução é negada. Os homens fogem assim da castração, tentando relegá-la ao universo feminino.

A REPERCUSSÃO SOCIAL DO TRAUMA SEXUAL

A aquisição de novos direitos e a conquista de novas liberdades, com consequente reconhecimento social das mulheres, encontra hoje em dia uma das suas maiores contradições. A crônica frequentemente se ocupa de feminicídios e atentados sexuais, além das persistentes discriminações da mulher no mundo profissional, social e relacional.

Assassinatos por parte dos maridos ou ex-companheiros ciumentos e as violências sexuais com intuito vingativo sobre as mulheres são quase diariamente noticiados pelas mídias. Às vezes, trata-se de relatos tardios, de vítimas de violências ocorridas no passado e que foram silenciadas.

Além da violência doméstica (provavelmente a mais omitida), emergem casos de ginecologistas e/ou eventualmente outros representantes da classe médica, pastores dos mais variados cultos e cineastas de fama internacional que estão respondendo judicialmente a crimes sexuais que se perpetuaram ao longo de décadas.

Assim se levanta o véu de realidades antes insuspeitas e se procura entender por que as mulheres não denunciaram antes.

O medo de serem julgadas, a incompreensão no âmbito social e a vergonha podem ter sido os principais motivos, e vejo um possível desdobramento no afeto que a vergonha vem representar. Em primeiro lugar a vergonha pode surgir por ter sido objeto de gozo, em uma relação não-consensual, frequentemente violenta e muito invasiva, que vem a incidir no sentimento da própria identidade psíquica e corporal, que resultariam comprometidos. A pergunta sobre qual lugar ocupamos no Outro é fundamental e constitutiva e acompanha sempre o sujeito.

Em segundo lugar, a vergonha pode vir do fato de, apesar de não consentido, o amplexo sexual provocar fortes estímulos, que podem ter ocasionado intensas experiências de prazer, no Real do corpo. Vivências não simbolizáveis que provocam no organismo uma excitação que o sujeito tenta esquecer. Trata-se de experiências traumáticas, pois o psiquismo não deu conta de elaborar o *quantum* de energia a mais que está nelas contida.

São lembranças difíceis, pois, pela ética da cultura e da moral, é auspicioso que a mente controle o corpo.

Na histeria, decorrente das experiências de sedução real ou imaginária, o inassimilável pode ter sido causador de fixações no corpo. São marcas que têm vocação para serem reeditadas, quando, levantando o véu do recalque, novos acontecimentos no social podem provocar o reaquecimento dos traumas vividos, que clamam agora por novas ressignificações.

É possível também que o recalque ocasione a supressão das sucessivas experiências de cunho sexual traumático e que só quando a mídia torna público os acontecimentos – nos quais outras mulheres também foram vítimas – ocorra uma emergência de lembranças que, apoiando-se na comunhão de experiências e na empatia com outras mulheres, podem enfim aflorar, ganhando força para superar as barreiras do esquecimento.

O percurso do tratamento analítico poderá também ajudar cada uma a integrar e fazer dela própria aquele pedaço importante, porque fortemente significativo na vida, antes renegado.

O corpo na cultura

O suicídio, o mais cruel dos ataques ao corpo, é também representando na peça teatral *O lago dos cisnes*, que vamos examinar na reinterpretação do cineasta Darren Aronofsky, no filme *O cisne negro*. Nina, a protagonista, é uma bailarina clássica que, na busca desenfreada pela perfeição que a mãe lhe impõe, percebe que nem tudo pode ser representado no palco da vida e acaba se deixando puxar pelo abismo da pulsão da morte, fora do palco. Ela tenta fazer com o corpo uma barreira à invasão do gozo materno e tenta recusar o bolo que a mãe quer obrigá-la a comer, para comemorar ter sido escolhida como a principal bailarina da peça teatral *O lago dos cisnes*.

Quando, porém, a mãe, irritada frente a essa recusa, ameaça jogar tudo na lixeira, Nina se assusta diante da possibilidade de ser colocada em posição de dejeto, se não realizar o desejo materno, e acaba cedendo mais uma vez.

Frequentes são as crises de vômito, para tentar expulsar esse outro invasor, assim também como as automutilações, sempre duramente reprimidas nas inspeções que a mãe faz do corpo dela.

O diretor da peça entende a fragilidade de Nina e a provoca para prepará-la para interpretar a maldosa personagem do Cisne Negro que, passando-se pela irmã, o Cisne Branco, tinha conseguido roubar-lhe o namorado. É no corpo de Nina que ele tenta despertar emoções e assim a beija, mas recebe em troca uma mordida, pois para ela o desejo do outro se manifesta sempre como invasor.

Também é ele que a encoraja a ser sedutora e a conhecer o próprio corpo e lhe sugere *touch yourself* (literalmente, "toque seu corpo"), sugestões inúteis para Nina, pois, a cada tentativa, alucinará sempre a presença da mãe opressora.

Assim, entregue aos desejos da mãe e do diretor, Nina experimentará, em alucinação também, o despedaçamento do próprio corpo: as pernas quebram-se, ela desmonta como um robô e cai como objeto, pois não há aqui uma subjetividade para dizer dela.

Na relação dual mãe-filha, de nada adianta Nina ter trancado com barra de ferro a porta do próprio quarto. Na ausência do falo e da metáfora paterna, que Lacan descreve com a metáfora do palito na boca do jacaré a impedir que as mães engulam os rebentos, essa providência de Nina será inútil, pois se revelará inoperante na tentativa de barrar o desejo materno, pelo qual Nina será engolida.

Nina enfim prepara sua última interpretação, com estilhaços de vidro enfiados na barriga – metáfora do parto da mãe, que sempre se queixava muito de ter sofrido com o nascimento da filha. Ferida mortalmente, ela vai ao palco, na última e mais perfeita atuação.

Atraída pelo abismo do Real da morte, ela se lança no vazio e cai da cena, como objeto que, saindo do campo do Outro, resgata a única manifestação possível de sua subjetividade. Nina faz, com a morte real, um signo no Outro, já que não conseguiu fazê-lo no Simbólico, com a vida, e encontra assim a única forma de se livrar do gozo alheio.

O CORPO E A DANÇA, UM RITUAL DE PASSAGEM?

A coreógrafa Pina Bausch foi dançarina, pedagoga de dança e diretora de balé. Como pedagoga, nos ensaios, transcendendo um pouco o valor estético da dança, buscava principalmente um conteúdo informativo que se adaptasse aos jovens que ela desejava formar e, junto com eles, descortinava os horizontes da plasticidade corporal, buscando sempre novos cenários.

Os seus esforços em direção a um uso apropriado do corpo, testemunham como a dança facilita a simbolização de emoções sentidas em nível psíquico e corporal e ajuda em uma reorganização pulsional.

No documentário *Sonhos em movimento*, a coreógrafa desenvolve um trabalho com adolescentes. Temos, a princípio, inseguras bailarinas que aos poucos se desprendem da própria timidez ao perceberem que dançar é fazer contato com outras pessoas, que é preciso interpretar e que o balé renova questões às quais, através da dança, seja possível dar algumas respostas.

No começo aparecem as inseguranças, um bailarino expressa a sua angústia falando: "Normalmente é difícil para nós, porque não compreendemos o significado... quer dizer, o movimento... Estamos inseguros porque não sabemos o que vem depois [...]". O inexplicável do Real os atinge, deixando-os aflitos, a causa de um não saber do qual eles não tinham sentido ainda o sopro perturbador.

Um turbilhão de emoções os invade repentinamente, uma bailarina fala: "É difícil me identificar, esta dança não foi feita para nós, é para os bailarinos de Pina Bausch [...]". No balé, aqui possível metáfora da relação sexual, eles sentem perpetuar a sensação de contínua exclusão do mundo adulto, onde um outro saber suposto daria significado a esse despertar pulsional.

Na dança, os sentidos são estimulados, o tato com os toques, a carícia e até tapas; o olhar adquire grande valor de projeção no outro, pois há de se ter foco no corpo, mas, ao mesmo tempo, o olhar tem que ser direcionado a todo o público, estimulando assim a força atrativa da pulsão escópica que entra em sinergia com aquela dos expectadores. O olfato também é estimulado, e os bailarinos aprendizes são convidados a cheirar a própria cueca e os braços dos parceiros. Segredos corporais são desvendados, a nova linguagem do corpo urge para ser interpretada.

No despertar, o toque a princípio é como um choque, um curto-circuito num circuito pulsional fragmentado, o corpo é atingido pelo Real e pela sua angústia, e o psiquismo se esforça para reorganizar as emoções corporais, dando-lhe novos sentidos.

A dança se apresenta então como uma possibilidade, um percurso onde, ao deslizar dos passos, corresponde um deslizamento na cadeia significante, até tentar encontrar uma resposta possível e, ao menos, parcialmente apaziguadora.

A coreógrafa compreende os impasses dessa específica fase da vida e comenta: "Nós não somos nós o tempo todo, posso reconhecer, nestes adolescentes, as mãos das mães e dos pais deles".

Aos poucos, na dança, os protagonistas começam a se sentir mais confortáveis e seguros e descobrem que, com a timidez, que era antes motivo de vergonha, agora podem até brincar. Pela via simbólica do corpo facilita-se a ocorrência de uma apropriação de sentido, e reconhecer os sinais do corpo e seus dizeres é então o segredo para alcançar mais harmonia.

No começo dos ensaios, o cadenciar dos passos era mais rígido, um passo para frente, um passo para trás, batendo os pés como em uma marcha militar, o rosto era triste, severo, mas na apresentação final os corpos são relaxados, soltos, confiantes, e a expressão do rosto é irônica, sedutora e cativante; a harmonia entre o espaço e o corpo é alcançada. A dança, com seus ritmos, regras, respeito ao espaço-tempo, disciplinas e propósitos, representou algo inédito para os jovens. Com o pisar de passos, com gestos, movimentos, ritmos e oscilações cumpriu-se uma travessia. Através da dança, despertando e trabalhando as emoções do corpo e suas elaborações psíquicas, abriu-se enfim o caminho para a vida adulta.

UM MÉTODO PERIGOSO

É importante no percurso de uma análise o atravessamento da fantasia. O filme *Um método perigoso* narra a história de Sabina, uma paciente de Jung, trazida à força ao hospital onde ele atuava como psiquiatra, com manifestos sintomas de conversão histérica.

O corpo dela, traduzindo uma linguagem impossível de ser falada, mostrava movimentos desarticulados, principalmente na boca e nas mãos, que, gesticulando insistentemente, eram o principal objeto do seu olhar. Jung, ensaiando o método de Freud, a fez se sentar em uma cadeira e, por sua vez, sentou-se atrás dela.

Iniciaram-se assim as sessões em que os sintomas começaram a desvendar a origem sexual e o fundamento na fantasia de espancamento, pois, quando criança, o pai de Sabina, para puni-la, levava-a para um quartinho isolado, mandava que ela se despisse e depois a agredia repetidamente, para enfim pedir que lhe beijasse as mãos.

Interrogada sobre as impressões que essas lembranças provocam, admite que, todas as vezes que isso acontecia, ela ficava toda molhada, como que em um estado de intensa excitação.

A narrativa é acompanhada por sudorese intensa, e o relato de um sonho de fundo sexual evidencia a presença do pai na cena da fantasia. A vergonha que Sabina sente ao relatar os acontecimentos não a impede de confessar que ela gostava disso e que ainda busca situações nas quais a humilhação é o principal vetor para provocar-lhe excitação sexual.

A jovem se envolve sempre mais no tratamento, desenvolve interesse pelo método, e nela aflora o desejo de se tornar psiquiatra. Ao mesmo tempo, já convencida da origem sexual de seus sintomas, confessa ao analista o desejo de ter conhecimento nessa área. Urge para ela a necessidade de fazer novas e inéditas experiências, assim, inesperadamente, beija o analista, que se surpreende pela insólita postura. Na sociedade da época vitoriana ainda eram os homens que geralmente tomavam a iniciativa. Para ele, a experiência é inquietante, pois, além de ser um homem casado, não pode ultrapassar a relação profissional.

Começam, nessa época, as consultas com Freud, pois Jung parece pressentir o risco de uma perigosa proximidade com a paciente, mesmo que disso ele ainda não consiga falar abertamente. Entretanto, a força atrativa da fantasia de Sabina acaba por seduzi-lo, e eles começam uma relação extraprofissional.

A fantasia masoquista da jovem é aquela de ser espancada, dor e humilhação se misturam na excitação sexual, ocasionando a revivência de um gozo antigo.

A atuação da fantasia permite a ela uma ressignificação das marcas do passado, e os sintomas histéricos começam a ceder. Entretanto, Jung se sente sempre mais ameaçado e, devido ao perigo de um escândalo público, decide se mudar, na ilusão de poder assim esquecer. Sabina se sente humilhada, mas, decidida a continuar seus estudos, procura Freud em busca de orientação, agora já é possível para ela transferir um pouco seu interesse sexual ao interesse pela área profissional.

Enfim ela se torna uma psiquiatra, casa-se com um ex-terapeuta e, grávida do primeiro filho, volta a encontrar Jung, mas, dessa vez, será ela a se afastar dele, que tarde demais chorará a partida dela.

Em conversa com a esposa de Jung, que lhe pede ajuda, Sabina percebe que, nesse quadro familiar, não há fantasia geradora de desejo. Reencontra então um Jung saudoso que lhe confia ter agora nova amante, mas confirma que ela foi para ele a joia mais bela.

Ele vive um casamento de rotina, de relações gentis e sagradas, mas, com Sabina, tinha se desvendado um novo horizonte, feito de fantasias mais ousadas que se transformaram em experiências mais intensas e voluptuosas. Enfim, confirmando não ter conseguido esquecê-la, declara a ela que deveria ter sido ele o pai do filho que ela espera.

O atravessamento da fantasia teve sua encenação no corpo da jovem, que conseguiu uma ressignificação que a libertou dos sintomas histéricos. Diferente foi o caminho de Jung: o olhar vazio da última cena do filme, mirando a lagoa, parece mostrar o buraco que sempre aparece quando se rasga a tela da fantasia.

OUTRA FORMA DE AMAR

Existem formas de amor sincero, mesmo assim, patológico e destrutivo. O amor demanda corpo.

Alimentar o outro é um ato de amor, o peito alimenta mais que a mamadeira, o colo esquenta mais que o cobertor, o abraço pode confortar mais que muitas palavras.

O recém-nascido vive em estado fusional com o corpo da mãe. Será o estádio do espelho que, ocasionando-lhe a separação, antecipará a unidade corporal do bebê, mas será sempre no Outro que o bebê se verá como inteiro.

Existe nos amantes uma mescla de identidade, a ilusão de ser um só, a sensação de uma reencontrada completude, enfim, uma reencontrada identidade fusional.

Mas, se no amor o sujeito se vê completo no outro, qualquer afastamento da pessoa amada é visto como ameaça a si mesmo, possível revivência da dissociação do corpo maternal. Na idade adulta, o amor nos faz voltar um pouco a ser criança, pois nos torna dependentes da pessoa amada. Essa vulnerabilidade é o que assusta os apaixonados e os leva a desenvolver um sentimento arbitrário de posse, que visa afastar qualquer possibilidade de desagregação do objeto amado.

Quando duas pessoas se amam intensamente, estão "perdidamente" apaixonadas. É isso que acontece no romance *Tudo é rio*, com dois amantes irreparavelmente apaixonados.

Os jovens Venâncio e Dalva, colegas de infância, apaixonam-se ao se reencontrarem na vida adulta. No começo são olhares trocados rapidamente, quando Dalva passa na frente da marcenaria de Venâncio, nem a palavra consegue acompanhar a rápida e intensa emoção do olhar, mas, aos poucos, o passo desacelera, o corpo pede pausa, a emoção encontra palavras.

Começa assim uma intensa relação que pede proximidade de corpo, identidade de alma, união de espíritos; não precisa de nada mais, a ilusão da completude faz com que todos os outros sejam dispensáveis. Para eles ficará então só o gosto acre da inveja, pois não compreendem a força motivadora de tanta paixão.

Entretanto, o lado "obscuro" de Venâncio começa a aflorar quando, no dia do aniversário de Dalva, um velho amigo de infância lhe traz flores e, colocando-lhe uma atrás da orelha, encosta a mão suavemente nos cabelos dela. Venâncio assiste de longe, mas os olhos veem aquilo que a mente se recusa a enxergar, compreender e elaborar. Assim, cego de raiva e de ciúme, precipita-se sobre o rapaz, ferindo-o até sangrar, e afirma que, naquilo que é dele, ninguém pode tocar.

Venâncio decide então pedir Dalva em casamento, agora a proximidade fará com que ele assuma sempre mais o controle sobre ela, Dalva é dele e de mais ninguém.

O amor traz seus frutos, e Dalva engravida. A espera do bebê é repleta de preparativos e muitas emoções. Venâncio percebe uma nova direção no olhar apaixonado de Dalva. O filho nasce, e se quebra para sempre a identidade dual do casal. O Outro, desde sempre excluído do romance familiar, reclama sua legítima participação.

O ciúme de Venâncio encontra seu ápice quando ele vê, pela primeira vez, Dalva oferecer o peito para o bebê. Aquele seio que antes era só dele agora alimenta, aconchega e transmite amor ao bebê. Nesse gesto, ele vê mais do que era possível ver e, traído, sente-se despedaçar por dentro.

A imaginária identidade fusional com o corpo de Dalva se rompe e, em um surto repentino, ele joga a criança longe e bate em Dalva, bate forte para subjugar e dominar aquela parte de si que ameaça se separar.

Seguirão, para Venâncio, anos de intenso sofrimento, entendimento amargo e arrependimento tardio. Lembranças doídas da complexa relação com o pai irão aflorar, as carências reencontrarão suas cicatrizes, as feridas voltarão a sangrar.

Quando criança, a mãe de Venâncio tinha ido embora com ele, por ser testemunha da complexa relação pai-filho. Tinha assim se constituído por um tempo uma díade mãe-filho, na qual o pai era visto como um terceiro elemento ameaçador. Para Venâncio não há como resgatar a união desde sempre perdida na relação infindável com o pai nem com a própria mãe, agora nem com Dalva, pois o fruto do amor deles foi violentamente execrado.

Sem consolo, ele entrega o próprio corpo às moças do prostíbulo da cidade. Não escolhe, qualquer uma serve; sem amor, o seu corpo é uma entidade separada da sua mente, e ele tenta encontrar um improvável apaziguamento no encontro com o corpo estranho do Outro.

O inesperado acontece, e um dia Lucy, a prostituta que nunca desistiu de tentar seduzi-lo, mas que sempre foi rejeitada, exprime um gesto igual àquele que Dalva fazia quando se preparava para se deitar com ele. Lucy solta o cabelo nos ombros, em Venâncio se solta a resistência. Aquele movimento livre dos cabelos traz a ilusão alucinatória de que é de Dalva o corpo que agora descaradamente se lhe oferece, sem vergonha e sem pudor.

Agora é permitido à mente e ao corpo se juntarem de novo, Venâncio deita-se com Lucy, mas é com Dalva que ele faz amor. Lucy, com fama de ser a mulher mais desafiadora do prostíbulo, tinha uma raiva aguda de Dalva, percebida como a única que lhe fazia ser realmente preterida. Em consequência disso, depois de vários desaforos, a enfrenta na rua e, encostando os dedos dela nos lábios, morde-os até sangrar, parece querer arrancá-los, deixar marcas, feridas, corte, castração. O corpo da outra que lhe roubava as atenções não podia ser completo. Mais uma vez, o corpo assume uma relevância difícil de ser significada, tenta-se um corte.

Inesperadamente é o menino, fruto da relação clandestina de Venâncio e Lucy, que vai reaproximar Venâncio e Dalva.

Lucy decide entregar o filho aos cuidados da pior rival, pois a julga como a pessoa mais indicada para essa função.

Venâncio, a princípio, mantido a distância, manifesta de todas as formas vontade de aproximação e oferece presentes ao menino. Confirma assim, ao olhar de Dalva, que a paternidade agora faz signo para ele. Para Venâncio, Dalva não traiu, ela ainda é dele, mais ainda, agora que está disposta a criar o filho dele com outra mulher.

Dalva sente que chegou a hora de trazer de volta o filho legítimo do casal que, entregue aos cuidados de uma pessoa amorosa e de extrema confiança, tinha sobrevivido. O corpo de Dalva teve que passar por complicadas ressignificações. Possivelmente, para Venâncio, a saudade da união fusional com o corpo da mãe, impossível de ser reencontrada, foi geradora de grandes angústias. É possível também que, na precariedade da assimilação dos significantes do pai, ele tenha se sustentado antes na identificação fusional imaginária com a mãe e depois com Dalva e que, mais uma vez, o terceiro elemento – antes o pai e depois o filho – tenha dificultado essa sustentação.

Sem a lei do pai, o terceiro pé da identidade imaginária, Venâncio vacila e ocorre o surto psicótico.

Quando o contingente trouxe de volta a experiência da separação, na impossibilidade de encontrar um significado, o corte ocasionou uma passagem ao ato, onde é o corpo que é sempre protagonista.

O DIABO EM CORPO DE MULHER

L'homme, ce reveur définitif.

BRETON, Manifesto Surrealista, 1924

No livro *O diabo enamorado*, de Jacques Cazotte, no desencontro entre sonhos, desejos e realidade, vemos delinear-se a história do jovem Álvaro. Aos 25 anos, ele, apesar de estar ainda muito ligado à mãe, agora, para além dela, tem fantasias projetivas alhures, testemunhando novos anseios. Levado pela insaciável curiosidade, guiado pelo desejo inquietante de saber e com base na insatisfação, Álvaro busca novos horizontes. Fantasias de investimento no mundo externo, na sedutora imagem da bela Biondetta, autorizam-se no devaneio dos seus sonhos.

É no impasse da relação sexual que a mulher lhe aparecerá no expoente máximo do perigo: uma mulher em corpo de um diabo, tanto ameaçador quanto sedutor.

Álvaro, atraído ao jogo de poder e sedução, deixará se levar por um tempo, no espaço de um sonho, mas sempre lutando entre a força do intelecto que almeja o respeito da lei e a força caprichosa e transgressora das paixões.

O livro é narrado no reino do fantástico, na confusão entre falso e verdadeiro, no limite do real e do irreal, entre princípios éticos e transgressão. Animado por um desenfreado desejo juvenil de conhecimento, o jovem Álvaro mostra querer ultrapassar os limites da conversa estéril dos colegas do quartel, pois nenhuma crença ou doutrina, nenhuma verdade científica, será capaz de apaziguar sua sede de saber, ele mesmo deverá encontrar a própria verdade.

No mundo do ocultismo, enveredando para o caminho da mágica, Álvaro tenta anular qualquer distância entre o desejo e sua realização, e começam suas indagações, ajudado pela enigmática personagem de Soberano, ao qual é atribuído um poder sobrenatural.

O jovem é muito impaciente na sua sede de conhecimento, mas é alertado por Soberano sobre o perigo de evocar o saber do além, na figura carismática do diabo, sem qualquer iniciação. Estará ele pronto a fazer o luto de todas as certezas que o amparavam na infância? Será dominado por um intempestivo desejo de conhecer mais? Irá sempre além, na utopia de poder responder a todos os enigmas?

Álvaro não se deixa intimidar e assegura não temer o encontro com o diabo, assim é levado até as ruínas de Portici, perto de Nápoles, onde, na areia, um círculo é desenhado a sua volta; dentro dessa demarcação, o jovem está protegido, assim como seria metaforicamente dentro do campo materno se não cedesse a novas tentações.

Entretanto, para a passagem à vida adulta, uma travessia tem que ser feita, ultrapassar essa linha de demarcação se tornará necessário.

Deixado só nas ruínas, Álvaro é invadido por um rio de emoções contrastantes, um calafrio lhe percorre o corpo inteiro, mas agora não há mais volta, e ele cumpre o ritual, invocando Belzebu três vezes.

Assim a profecia torna-se realidade, e o diabo aparece em sua face aterrorizante, um fantasma representado na cabeça de um grande camelo.

As orelhas são demasiadamente grandes, prontas a captar qualquer chamado, e uma voz grotesca e ameaçadora, com prontidão, pergunta: "*Che vuoi?*" ("O que você quer?")

A situação é inesperada e angustiante, Álvaro não tem a resposta, mas busca temerariamente novos saberes. De repente, uma revolução se opera e o jovem, dominando suas emoções, consegue inverter as posições e agora é ele que pergunta ao fantasma por que surgiu dessa forma tão horrenda e o que se esconde atrás dele.

O fantasma lembra-lhe que apareceu porque foi chamado, mas Álvaro, buscando logo estabelecer uma hierarquia na relação, argumenta que o escravo não deveria apavorar seu dono, mas sim receber ordens e assumir tom submisso e forma adequada.

Assim o fantasma, atendendo a esse pedido, transforma-se no cachorro Biondetta, o animal mais fiel, o melhor amigo do homem.

Os fantasmas não nos assustam mais quando, desvendando seus mistérios imaginários e se transformando em figuras simbólicas concretas – assim como o cachorro Biondetta –, é possível enfrentá-los e enquadrá-los em uma nova elaboração da realidade.

Atendendo ao pedido do cachorro, que queria lhe lamber os pés, mostrando aparente submissão, Álvaro agora ultrapassa a linha de demarcação na areia, limite simbólico e imaginário que os mantinha afastados.

A partir daí, todos seus sonhos serão realizados. Biondetta, fiel, atendendo a um pedido do seu dono, transforma-se agora em um pajem, para oferecer a ele e a seus convidados um luxuosíssimo jantar.

Superado o estupor e contentamento inicial, porém, o insaciável Álvaro quer mais, ele é jovem, é difícil nessa idade frear as intemperanças e, como observa um dos convidados, na idade dele deseja-se demais para dar tempo de refletir, e assim se precipitam impetuosamente os prazeres. Agora é a vez de o pajem transformar-se em talentosa artista que, solicitada pelo anfitrião, encanta os ouvintes com as virtuosidades da voz e a melodia da harpa.

Parece interminável a lista de desejos de Álvaro, mas, quando enfim ficam a sós, ele tenta dispensar os serviços do pajem. Porém, este se apoderou de um corpo feminino, fez-se mulher para amar e ser amada e acha agora merecer consideração. Afinal o que pensariam dela se a vissem sair do quarto de um cavalheiro, no meio da noite?

Biondetta, ao se tornar humana, entrou na lei da cultura e abriu mão da própria liberdade, agora não poderá se subtrair ao julgamento dos seus semelhantes e deverá responder ao "*che vuoi?*", implicando-se assim nos mistérios do próprio desejo também.

Álvaro, mergulhado em reflexões, percebe que sua relação com as mulheres tem as insígnias da relação com sua mãe, que, ao dar-lhe a primeira espada, o fez jurar que, a vida inteira, ele serviria às mulheres e nunca ofenderia nenhuma.

Assim é permitido a Biondetta ficar no quarto, mas com a condição de que ele não a veja (pulsão escópica) e não a ouça (pulsão invocante). Caso contrário, será dele a pergunta: "*Che vuoi?*"

Apesar dos esforços para afastá-la, Álvaro começa a ficar intrigado com a presença de Biondetta e, em mais uma tentativa de se defender das tentações, questiona-se o que poderá esperar dessa mulher misteriosa e encantadora. Será que ela guardará sempre algo da origem? O jovem não esqueceu que existe o diabo atrás da "máscara" dessa mulher; como fazer para acreditar nela? Biondetta é tenaz e persistente, agora em veste de mulher, precisa do amor de um homem e, frente a um Álvaro que se estremece em um turbilhão de emoções contrastantes, esforça-se em oferecer-lhe pontos de ancoragem, assim lhe assegura que será suficiente um ato da vontade dele para os dois se separarem.

Os tempos não são maduros ainda para uma separação; quanto mais os homens se defendem, mais o engenho do diabo se aprimora em novas armadilhas, assim a força de vontade de Álvaro é influenciada, mais uma vez, pela sensualidade de Biondetta, permeada pelos voluptuosos encantos, e ela, fingindo-se totalmente submissa, reivindica a atenção do seu sedutor.

O inquieto Álvaro busca no sono reparador o apaziguamento dos seus tormentos, mas inevitavelmente sonha com ela, assim é forçado a admitir que ele desvia, o tempo todo, o olhar para não ver onde ela está, mas, lá onde ela não está, ela lhe aparece em continuação.

O que é recalcado na realidade do dia a dia encontra frequentemente espaço no Imaginário e no desejo dos sonhos. O jovem procura então amar Olympia, outra mulher, para libertar-se dos encantos de Biondetta, mas a história tem um triste desfecho, pois Olympia, enciumada, depois de ter tentado com severas ameaças fazer Biondetta desistir do seu amor, tentará matá-la.

Esse episódio trágico envolve mais Álvaro, que, comovido, sente-se responsável pelo acontecimento. Os cuidados e os carinhos que Biondetta precisa durante a longa recuperação aproximam mais ainda os dois amantes.

O Real da possível morte de Biondetta nos mostra um Álvaro ainda às voltas com suas paixões contraditórias, com seus medos obscuros e com seus dilemas éticos; ele afirma que, se o objeto do seu amor morrer, ele não sobreviverá. Difícil fazer essa separação; no passado, Álvaro tinha afirmado querer amar Olympia para amar alguém, agora é Biondetta o seu objeto de investimento narcísico, difícil é fazer o corte. Ele afirma estar orgulhoso de ser conhecido por todo mundo como o amado amante de tão maravilhoso objeto e se orgulha quando cria ilusões sobre o brilho da origem dela. A exuberante Biondetta, exibida aos outros, mostra todo o brilho fálico do seu possessor.

Mas Álvaro é também perturbado pela presença dela e mais uma vez busca a paz no sono; dessa vez, em sonho, é a própria mãe que o alerta sobre o perigo de ceder à paixão – uma mão (Biondetta) o empurra em um precipício, e outra (a mãe) o segura; o amparo do amor materno o salva das diabólicas tentações das outras mulheres. Ele, que saiu do círculo traçado na areia, querendo ultrapassar os limites de um saber circunscrito e achando que, em algum lugar, haveria uma resposta, agora assustado com a incógnita da mulher e com medo de cair, segura a mão da mãe e volta ao círculo do campo materno, o único que lhe oferece proteção. Para Álvaro, a mulher é o próprio sintoma, pois, apesar das virtudes e capacidades sedutoras, é também demoníaca.

O diabo na mulher será então o gozo a mais? Como uma estranha identidade, ela se apresenta antes na figura obediente de um cachorro, mas, depois também, em uma sedutora mulher. Será essa ambivalência a verdadeira essência da mulher?

Exausto pelas múltiplas tentativas de defesa, o jovem indaga-se agora sobre a verdadeira origem de Biondetta, pois ele não esqueceu o principal objetivo, de saber mais sobre o além do falo em que se encontra a mulher, no mais além da referência fálica. E é aqui que ele retrocede.

A mulher precisa desvendar sua verdadeira e singular identidade, mas na falta de um significante mestre, Biondetta se perguntará: "Por que uma mulher não poderia ser feita de orvalho?, de vapores terrestres?, dos destroços do arco-íris? Onde está o possível e o impossível? Será que a vida humana é só um sonho?" Parece que só dentro de um sonho a realidade e o impossível conseguem, às vezes, conciliar-se.

Ela percebe que o desejo de Álvaro por ela é inferior às ambições dele e que é só um objeto, um meio para ele alcançar o poder que o deixaria acima de todos os homens comuns.

Entretanto, Álvaro declara-se disposto a se casar com Biondetta, pois a mãe dele quer que ele se case, mas suas escolhas são submetidas ao consentimento dela, e ele declara que a proibição de gozar de outra mulher seria para ele um tempero para o amor. Biondetta tenta rebelar-se, pois, assim como ela mostrou ser livre escolhendo ser mulher, gostaria que ele também fosse livre nas escolhas e que a união deles não dependesse da vontade alheia. O jovem está em um impasse, atraído por Biondetta e atormentado, porém, por escrúpulos morais que clamam para o respaldo da lei materna, ele decide então fazer uma viagem para Veneza, para se afastar das tentações. Ao chegar à cidade, é surpreendido por uma chuva intensa e resolve assim refugiar-se em uma igreja, onde, ao ver uns anjos em lágrimas sepultando uma mulher, acredita estar vendo a imagem da própria mãe.

Em uma expiação de culpa imaginária, por ter desobedecido à mãe, profundamente prostrado e em total arrependimento, declara seu amor incondicional pela mãe, único abrigo para todos os seus tormentos. A imagem ideal da mãe o domina, assim, ele decide enviar uma carta a Biondetta, que, fitando o perigo, lhe pergunta sobre a sua verdadeira vontade e ainda afirma: "[...] é preciso querer o que você quer, Álvaro".

Referindo-se assim à incapacidade neurótica de assumir o próprio desejo, pois nem sempre queremos o que desejamos, Biondetta acrescenta: "[...] é preciso ceder aos sentimentos quando a razão não sabe onde se apoiar para governá-los".

Álvaro se defende como pode, mas o diabo, disfarçado no semblante humano de uma linda e sensual mulher, amplia seu poder de sedução, chegando, até certo ponto, a imitar a virtude. Entretanto, o jovem chega a prever consequências nefastas, caso se afaste da trilha do desejo que a própria mãe traçou para ele

Agora Biondetta não pode mais esperar e audaciosamente pressiona Álvaro a declarar o seu amor, dizendo: "Meu querido Belzebu, te adoro [...]". Mais uma vez, ela mostra sua natureza, aparecendo em veste de um camelo que, com sua pavorosa cabeça e com sua voz tenebrosa, pergunta-lhe: "*Che vuoi?*", explodindo depois em uma aterrorizante gargalhada.

A alma do jovem é um campo de batalha onde seus princípios lutam contra suas paixões, mas ele, decidido, começa o caminho de volta à casa da mãe. Encontra na estrada uma camponesa conhecida que o alerta sobre as péssimas condições de sua mãe, que por causa do seu afastamento estaria morrendo de sofrimento.

A viagem continua, e Álvaro chega finalmente ao encontro de dona Mércia, sua mãe. Os abraços, beijos e o carinho dela têm o poder de acalmá-lo para que ele possa começar a fazer o epílogo da própria história, começando a distinguir entre sonho e realidade. Tem algo no sonho cuja interpretação levanta questões de difícil entendimento. Assim é convocado Quebracornos, um doutor de Salamanca a quem é atribuído um saber sobre o poder sobrenatural. Será ele então que oferecerá a Álvaro uma interpretação do seu sonho, muito particular e subjetiva, e, mais do que isso, indicará a ele o caminho a seguir pela frente.

A palavra Quebracornos tem significado de ruptura, de desfecho e de traição, pois os chifres na cabeça (cornos) são símbolos da infidelidade cuja ruptura (quebra) aproxima o desfecho dessa história amorosa.

Parece ser essa, a princípio, a função do ilustre convidado, que garante a Álvaro que suas intenções de obediência, seus escrúpulos, seus remorsos e sua ética severa o preservaram da sua entrega ao diabo, basta então seu arrependimento para ficar totalmente purificado.

O diabo teve que aparecer como um ser ético, inofensivo, honesto e humilde, e isso destruiu parcialmente os efeitos do próprio sistema. Ao se aproximar da natureza humana, tornou-

-se mais vulnerável, mais previsível e contornável, mas, ao mesmo tempo, em veste de mulher mostrou seu invocante poder de sedução, abalando as paixões de Álvaro, minando seu raciocínio e atormentando sua alma.

O fantasma já deixou seu rastro e poderá sempre voltar se a vontade do jovem o permitir.

Seguindo os conselhos de Quebracornos, a solução para o inexperiente Álvaro é criar laços legítimos com alguém do outro sexo cuja escolha seja presidida pela própria mãe, só assim a sedução exercida pelas outras mulheres será livre das artimanhas do diabo.

A pergunta "*che vuoi?*" é fundamental para se posicionar no desejo do Outro, e isso nos remete ao nosso desejo de forma invertida, mas ele nem sempre emerge de forma clara e, às vezes, como no caso da fala do camelo, é amedrontador.

Vimos que Álvaro está aparentemente disposto a desafiar todos os perigos na busca da sua verdade e, nas ruínas de Portici, ultrapassa as linhas de demarcação que o separam do mundo do além e enfrenta a sedução do seu fantasma na figura de Biondetta, interrogando o enigmático mundo do sobrenatural.

Tudo isso, porém, será contido no espaço de um sonho, pois, no despertar, de volta aos braços maternos, as correntes do desejo da mãe voltarão a mostrar o poder de enlaçamento e amarração.

Em *O despertar da primavera*, de Frank Wedekind, vemos que a sexualidade tem conexão com o inconsciente, tem um suposto saber: "Os rapazes não pensariam em fazer amor com as moças sem o despertar dos seus sonhos".

Constata-se que Álvaro, no despertar, é ainda aprisionado pela lei da mãe, homenageada com respeito e devoção.

Cazotte nos diz: "O sonho é o vento em nossas vidas sem o qual não seria possível chegar do pó às estrelas". Perguntamos então, em qual constelação Álvaro situará seu desejo? E, ainda, se podemos dizer que desejar é querer ter asas para alcançar o céu, quais horizontes Álvaro poderá alcançar?

SILENCIADAS – REPRESSÃO DO FEMININO

A vida na terra sai bastante barata
Pelos sonhos, por exemplo, não se paga nem um tostão
Pelas ilusões, só quando se perdem
Por possuir um corpo, paga-se com o corpo.

WISLAWA SZYMBORSKA, *Aqui*

No relato do livro *O diabo enamorado* vimos a persistente tentativa de contornar a essência da mulher. Ela é humana ou animal? Pode ser uma cabeça de camelo ou um cachorro? É versátil e pode se transformar em homem para, como serviçal, atender todos os pedidos do seu patrão? É diabólica, tentadora, um diabo em corpo de mulher?

É o mistério do impossível de se inscrever do feminino, que insiste em oferecer seus enigmas. Há um Real que sempre resiste a qualquer desvendamento e em virtude do qual, como vemos no relato do livro *Storia della castità* e nos filmes *As bruxas de Salém* e *Silenciadas*, muitos crimes podem ser cometidos. Não podendo reprimir a pulsão sexual e a sua ligação ao Real da morte, tenta-se então silenciar a mulher tentadora, culpada de ter um gozo a mais, algo de indizível, incontornável.

Assim com a psicanálise, tanto a literatura quanto a cinematografia apontam como o mistério sobre a mulher e o mistério sobre o sexo sempre foram indecifráveis. O livro faz uma análise histórica, quase antropológica, que nos remete às origens da humanidade. Adão e Eva viviam felizes no Paraíso terrestre, mas, por terem desobedecido à lei divina e comido o fruto proibido, foram banidos do Éden, perderam a eternidade e mancharam com o pecado original toda a descendência.

Todas as mulheres carregam a insígnia de serem filhas daquela Eva, que, oferecendo um pouco de felicidade terrena e por isso transitória a seu parceiro, fez a humanidade perder o paraíso e a eternidade.

Delinearam-se assim no cristianismo, segundo os padres da Igreja, duas opostas figuras de mulher: Maria, mãe de Jesus, que deu à luz mantendo-se virgem, e Eva, a pecadora que, tentada pela cobra, seduziu Adão e o fez comer do fruto proibido. Maria foi idolatrada e venerada, algumas sociedades feudais secretas, entre elas os Templários, praticaram uma devoção coletiva a Madona, mulher pura e inalcançável, que inspirava grandes provas de valor e fidelidade.

No seu oposto, para os padres, Eva, a pecadora, era considerada a origem de todos os males, assim, por séculos, considerou-se que era pecado – enquanto descendentes de Eva – amar as mulheres.

É possível que esse substrato cultural, entre outros fatores, esteja na base do pensamento obsessivo em relação à mulher. Lembrando Freud, os homens obsessivos amam e se casam com a santa, mas satisfazem os anseios sexuais com a prostituta.

Temos então duas categorias de mulheres, que na visão religiosa corresponderiam a Virgem Maria, a primeira, e a Eva, a pecadora, a segunda. A incapacidade masculina de entender a mulher na sua singularidade, uma a uma, fez com que tentassem enquadrá-las em categorias-padrão, forçadamente redutoras.

Relata-se, no citado livro, que São Girolamo, no século XVI, falava que o amor de uma mulher é insaciável, se você o rejeita, inflama-se mais ainda; mas, se você o satisfaz, ela terá outra vez vontade. Dessa forma, a mulher ocupa o pensamento de um homem ao ponto de assim dominá-lo.

Havia, na moral da época, a suposição de que as mulheres seduzem pelo simples fato de serem filhas de Eva, carnais e pecadoras. Nesse contexto histórico, a castidade era muito valorizada. Em um mundo onde se tinha pouco controle sobre como e se a vida do indivíduo teria evoluído, o corpo humano parecia o único lugar onde exercitar uma escolha e, frequentemente, para subtrair o próprio corpo do domínio do Estado, entregava-o à Igreja. Mas essa entrega não foi sempre fácil.

A religião cristã tem na base da doutrina, entre outros, o sentimento de culpa e a expiação dos pecados. Eram muitos os homens que se autoflagelavam, submetiam-se a regimes rígidos, controlavam as horas de ócio e faziam penitências extremas, fazendo do corpo o próprio calvário. As mulheres, às vezes, eram submetidas a restrições ainda piores, umas entravam em conventos e, "casadas" com Deus, dedicavam a Ele toda uma vida de grandes sacrifícios e penitências, outras tinham maridos autoritários, possessivos e exageradamente ciumentos, que as obrigavam a usar rudimentares cintas de castidade, verdadeiros instrumentos de tortura que feriam a carne, limitavam os movimentos e dificultavam a higiene.

Ainda no livro, relata-se que as intervenções sobre o corpo da mulher sempre foram invasivas e massivas. Testemunha-se que na China existia o procedimento de enfaixar os pés das meninas. Somente a partir de 1906 foi abolida essa prática, mas séculos da cultura tinham deixado marcas, e são conhecidos relatos de mulheres que continuaram esse procedimento, escondidas.

A partir da idade de cinco ou seis anos, quando os pezinhos das meninas ainda tinham certa flexibilidade, eram enfaixados de forma a obstaculizar o crescimento. Dessa forma, a deambulação era totalmente comprometida, acreditava-se que assim as mulheres, tendo dificuldade de chegar até a porta de casa, não ficariam expostas aos perigos do mundo e permaneceriam castas até o dia do casamento. Muitas usavam bengalas de sustentação e se apoiavam nos móveis de casa para garantir, ao menos, a necessária movimentação dentro do lar.

Mas outra motivação implícita justificava a existência dessa tradição. Os pezinhos eram objetos de fetiche, beijados e acariciados, às vezes eram valiosos aliados na vida sexual, apetrechos preciosos usados na penetração. Na prática do enfaixamento dos pés, na recusa a enxergar a castração na mulher, esses objetos-fetiche podiam ser símbolos fálicos compensatórios.

O sofrimento para as crianças com pés enfaixados era atroz, eventualmente, a falta de circulação provocava gangrenas, mas as mães seguravam à força as crianças rebeldes e se encarregavam de trocar, com frequência, as faixas e de fazer os necessários curativos.

A recompensa, entretanto, era grande, pois se considerava que, quanto menor fosse o pé da mulher, maior era o seu valor. Organizavam-se feiras nas quais os pezinhos eram admirados, suas virtuosas donas os enfeitavam com sapatilhas bordadas por elas mesmas (uma forma de cuidar da própria joia), por vezes, com o acréscimo de apliques de borboletinhas batendo as asas, ironicamente aquilo que as jovens não poderiam mais fazer. Condenadas a um destino de reclusão e imobilismo, pois, na medida em que os pés encolhiam, o mundo delas encolhia também.

Na atualidade, mutilações femininas ainda mais drásticas, abrangentes e irreversíveis seguem sendo praticadas em alguns países da África. Trata-se de mutilações nos órgãos genitais, às vezes praticadas logo depois do nascimento, outras, na puberdade, e são, em ordem crescente: a clitoridectomia, que prevê a retirada do clitóris; a intermediária, que prevê a cisão dos pequenos lábios também; e a infibulação, em que até grande parte dos grandes lábios é removida. Os restos dos dois lados da vulva são depois costurados juntos para fechar a vagina, deixando só uma pequena abertura, mantida pérvia, usando eventualmente fósforos ou palitinhos, ou até cascas de pedras. Corolário disso é o alto número de mortes das mulheres por infecções.

Manifesta-se nessas práticas a preocupação moral e sociocultural de refrear a temida liberdade sexual das mulheres, e isso pode nos remeter talvez à ideia da vagina dentada que pode castrar o homem, fantasia que atormenta certas ideações neuróticas masculinas.

Em sociedades machistas, não é sempre possível para os homens enquadrarem-se nos valores de força, potência e virilidade. Entretanto, há verdades que não podem ser abaladas, pois desmontariam todos os pressupostos da sociedade falocêntrica, questionando o prestigioso falicismo masculino. Melhor então arrestar a evolução da feminilidade e do erotismo nas jovens mulheres, antes que o corpo delas fale, denunciando e traduzindo em palavras o engano machista.

Assim como no relato do livro *O diabo enamorado*, em que as mulheres podem ser vistas como demoníacas, verdadeiras personificações do diabo, no curso da História ocorreram também impiedosas caças às bruxas, exemplos significativos e perturbadores disso estão nos filmes *Silenciadas* e *As bruxas de Salém*. Entretanto, além desses dois filmes, poucos outros trataram desse argumento que tanto fere a ética e no qual as discriminações atestam um atraso nos princípios evolutivos e na moral civilizatória. É deplorável que o imaginário sobre bruxaria tenha levado os homens tão longe e que, na falta de enquadre simbólico, a força emancipatória e revolucionária das mulheres tenha sido silenciada com o Real da morte.

O filme *Silenciadas*, além de mostrar o embate cultural entre povos católicos e cultura basca, é um eloquente exemplo de culpabilização das mulheres, operada sob vários títulos, ao longo dos tempos.

Um grupo de jovens mulheres de uma vila de pescadores dançam e cantam à noite, em volta do fogo, sozinhas, pois os homens são marinheiros que deixaram os lares para a pescaria.

O padre da vila, interpretando os valores da cultura machista, sente-se ameaçado por esse comportamento tão desenvolto e liberal das jovens. Naquilo que, para ele, soa como incompreensível, vê uma ameaça para toda a coletividade, assim decide convocar as altas autoridades da Igreja. Depois de raptar as moças, eles começam uma verdadeira inquisição.

As moças tentam convencê-los de que é uma dança inocente, as canções e músicas fazem parte da cultura popular, vêm de um passado remoto, são o espelho de uma tradição.

Infelizmente, porém, a cultura da época enxerga o universo feminino como algo aterrador, enigmático e perigoso, porque indecifrável, assim elas são torturadas e obrigadas a assinar um documento no qual, coercitivamente, reconhecem ser bruxas.

Em uma reviravolta inesperada, a cena muda e uma perspicaz protagonista decide confirmar que ela é a bruxa que enfeitiçou as outras, inclusive as transformando em bichos. Vemos aflorar aqui raízes literárias antigas, na *Odisseia* de Homero, a maga Circe transforma em porcos os companheiros de viagem de Ulisses, mais uma vez, vemos, atribuído a uma mulher, um poder mágico assustador.

Voltando ao filme, a protagonista, desfrutando dos encantos que vêm da fantasia das mulheres obrigadas a usarem o engenho e a máscara para sobreviver em um mundo machista e retrógrado, consegue com sua especiosidade despertar o caloroso interesse e ardente curiosidade, principalmente, de um dos inquisidores. Ele é o único que tem a coragem de olhar nos olhos dela e, por isso, supostamente é vítima do sortilégio, confirmando assim a força cativante e propulsora da pulsão escópica.

Por uma infeliz coincidência, a estratégia das prisioneiras é descoberta, e elas são obrigadas a encenar um ritual satânico para seus desconfiados inquisidores.

Com grandes habilidades, as moças se soltam em danças e cantorias desenfreadas, fingindo entregar o próprio corpo ao diabo. A confusão ocasionada por essa encenação coletiva e sinérgica é grande, e elas aproveitam disso para fugir. Os inquisidores as alcançam quando elas, ainda amarradas com correntes umas às outras, chegam a um penhasco. É delas a última cena do filme.

Encurraladas, em atitude extrema, decidem que o próprio corpo não será puro objeto de gozo do Outro, não será entregue aos inquisidores para ser queimado, e pulam para o abismo. Um ato de coragem as resgata do sadismo perpetrado pelo Outro. Unidas pela corrente que faz elo entre elas, juntas, pulam para a eternidade. Assim conseguem se livrar do gozo e do abuso alheio, mesmo tendo que impor o Real da morte como único resgate possível.

O MISTICISMO DE CATARINA DE SENA

Acompanhamos a história de Catarina de Sena no livro *Storia della castità*. Nascida em 1343, fruto de um parto de gêmeas, ela foi amamentada até um ano de idade. Por sua vez, a irmã Giovanna, mais frágil, foi entregue aos cuidados de uma ama de leite e acabou não sobrevivendo.

Esse trágico evento foi marcante para a pequena Catarina, que cresceu com a convicção de ter sido escolhida para viver. Essa dívida, unida a um fanatismo religioso, convenceu-a a devotar-se sempre mais a Cristo.

Com cinco anos de idade, subia de joelhos as escadas para rezar no quarto dela. O sofrimento com todas as suas agudas percepções corporais já estava manifesto naquilo que, aos poucos, teria se tornado uma total subjugação do corpo aos ditames do seu rígido misticismo. Usado como expressão máxima de penitência, o corpo ocasionava a proximidade ao Deus que tinha enviado seu filho à Terra para redenção dos pecados dos homens. Catarina, "a escolhida", pagava com o martírio do corpo sua dívida, e o seu sofrimento autoinfligido a fazia sentir-se mais próxima do sofrimento de Jesus na cruz.

Com seis ou sete anos já fazia jejum espontâneo, foi a época em que começou a ter visões de Jesus com alguns santos e que, junto com outras crianças, reunia-se para praticar a flagelação.

Quando ingressou na adolescência, a mãe dela, fazendo planos para o casamento da filha, começou a querer ensinar-lhe os segredos do corpo feminino, mas os planos dela eram diferentes, a trilha do caminho de seu desejo a levava mais além.

Com 14 anos, teve a visão de um casamento místico com Jesus. Recebia dele um anel precioso, junto com a promessa de que, na eternidade do casamento, desfrutaria dele por inteiro. Ela não teve dúvida, e, de imediato, o voto de virgindade se tornou uma necessária premissa para seu ilustre casamento espiritual.

Outra triste desavença, a morte de outra irmã na hora do parto, além de lembrar-lhe os perigos da gestação, muito frequentes à época, fez com que se sentisse, mais uma vez, culpada. Ela vivia enquanto as irmãs morriam; decidiu assim que tinha chegado a hora de aumentar os jejuns e as penitências.

Os pais de Catarina queriam combinar seu casamento com o cunhado viúvo, pela necessidade de consolidar a empresa da família, mas ela invocou o voto de virgindade e o casamento místico com Jesus, elevando-se assim a um patamar mais alto, além da necessidade, além do falo, em direção ao gozo místico e absoluto de ser a esposa do ser supremo.

Catarina não tolerava que o seu desejo fosse confundido com as necessidades da família e achava que qualquer sacrifício valia a pena. O corpo duramente golpeado era insensível a qualquer desejo carnal e terreno, visava algo de mais nobre e glorioso. Da abnegação do desejo ao gozo absoluto da junção com o ser supremo, este era o caminho escolhido por Catarina.

Depois de recorrentes contrastes com os pais, decidiu aumentar mais uma vez as penitências, os jejuns e as autoflagelações; torturava as carnes com correntes de ferro, que estreitava em volta do quadril, dormia só meia hora a cada duas noites, deitava-se em tábuas de madeira e falava só para se confessar. Estava se preparando para alcançar seu projeto final, morrer com 33 anos, assim como Jesus.

Depois de tantas privações voluntariamente infligidas ao corpo, despida de qualquer vaidade, foi julgada suficientemente feia para conseguir acesso a uma congregação de irmãs, que não teriam considerado de bom auspício aceitar uma jovem mulher, com as características da sensualidade feminina, no rigoroso convento. Naquela época, as alternativas oferecidas às mulheres eram realmente incertas, e o livre arbítrio não era uma possibilidade oferecida ao universo feminino. As escolhas eram determinadas pelos condicionamentos culturais e pelo rígido fervor religioso, regrado por um extremo fanatismo. As mulheres podiam se casar, subtraindo assim a autoridade de um pai para se submeter às vontades de um marido. Geravam filhos em condições muito precárias e, frequentemente, por falta de assistência física e moral, morriam de parto ou davam à luz filhos já mortos, assim, caíam em depressões às quais uma nova gestação parecia ilusoriamente preencher aquele vazio. Dividiam as atenções de maridos, frequentemente violentos, com outras mulheres, muitas vezes meretrizes, que acabavam contaminando o casal com doenças venéreas. As alternativas eram entrar em convento ou em prostíbulo. No convento, desincumbiam-se das obrigações domésticas e conjugais, evitando os perigos das repetidas gravidezes cuja proximidade enfraquecia a saúde delas. As freiras frequentemente gozavam da privacidade de ter um quarto só para elas, onde podiam se concentrar nas orações, além do mais, os seus sustentos eram garantidos, mas a diferença fundamental com as mulheres comuns é que, no convento, tinham o privilégio de poder estudar.

Catarina não ficou muito tempo reclusa, aprendeu rápido a usufruir das suas capacidades intelectuais, dava aulas e se tornou uma incansável predicadora. Além do mais, com sua tenacidade e ousadia, desafiava até as autoridades para conseguir reformas na Igreja e foi reconhecida em nível internacional como autoridade em área política e eclesiástica.

Uma experiência significativa foi ter assistido à execução de um condenado que, morrendo, respingou sangue na roupa dela. Catarina resistiu a eliminar aquelas marcas simbólicas, pois o homem, morrendo, tinha proferido as duas palavras mais preciosas para ela: Jesus e Catarina.

Narra-se também que ela cuidava das pessoas doentes com extrema dedicação. Um dia sentiu um natural desgosto pelas feridas purulentas e fétidas de uma mulher que estava morrendo de câncer, entretanto, sua compaixão, junto com o sentimento que inspirava sua imperiosa vontade de penitência, era maior, assim, bebeu o pus, colocando-o em uma colher. A força simbólica desse episódio não tardou a se mostrar, e, naquela tarde, teve uma visão com Jesus, que lhe mostrava a ferida no peito. Foi irresistível para Catarina a vontade de beber o sangue dele, isso pôs fim a qualquer outra necessidade alimentar, e seus jejuns se tornaram mais onerosos e radicais.

Antes desses episódios, já era raríssimo que ela engolisse alguns alimentos, a comida a fazia sentir-se mal, causando convulsões no estômago atrofiado e dores que a impeliam a vomitar.

Quando isso não acontecia de forma "natural", ela introduzia no estômago pequenos galhos para conseguir as necessárias contrações. Esse comportamento frequente entre as místicas – Teresa de Ávila introduzia na garganta galhos de oliveira – pode ser representação metafórica da relação oral com um homem, sucessivamente negada pelo vômito expulsivo. No episódio de Catarina, que suga o sangue do peito de Jesus, percebe-se que a relação da mística com o supremo é fortemente erotizada. Lacan fala a este respeito de ejaculações místicas. Santa Teresa de Ávila, por exemplo, relatava que tinha "arroubos" de gozo e que seu corpo ficava alquebrado e desconjuntado, a ponto de, dias depois da experiência, mal conseguir escrever, por causa das mãos doloridas, mostrando, assim, a força da incidência do gozo no corpo.

Voltemos a Catarina. As características comportamentais de alternância de episódios anoréxicos e bulímicos são patologias para as quais, hoje em dia, busca-se tratamento, mas não era assim no passado, quando esses comportamentos eram em sintonia com os rígidos preceitos religiosos da época e trilhavam o necessário percurso até a santidade. A concorrência entre os fiéis era grande, e dado que os sacrifícios na Terra abriam o caminho para a glória eterna, penitências sempre maiores urgiam para serem experimentadas, buscava-se o gozo absoluto, e qualquer sublimação teria sido ineficaz. Para Catarina, diferentemente dos casos de anorexia histérica, tratava-se de uma experiência mística de união perfeita com Deus e o absoluto.

O místico aspira a uma relação outra, além da comum relação com os seres falantes. Deus seria o tudo, o ser completo, aquele que sustenta toda a existência. O ser humano deveria renunciar a seus desejos, pois a abnegação seria o caminho eletivo para o encontro com o divino.

Na loucura, o sujeito é totalmente gozado pelo Outro, trata-se então, como no caso do juiz Schreber, de experiências de objetificação. Na mística, a aproximação ao Deus absoluto é mediada por uma nova ordem de relação simbólica, é uma nova dimensão da experiência, como se revela na poesia de São João da Cruz, conforme citado no trabalho de Rodrigo Santos da Matta Machado. O sufixo cruz foi escolhido por ele e representa uma provável identificação com Cristo, o mais sublime dos crucificados.

Matta Machado prossegue argumentando que a nova dimensão, que Lacan chama também de realismo do desejo, é aquela que condensa todos os outros desejos do ser humano e que leva a um gozo a mais e ao êxtase, que literalmente significa sair de si, mas não é aqui um sair de si para se perder, mas sim para encontrar-se em uma experiência fusional com o Outro supremo.

A experiência mística é uma experiência concernente ao corpo e, semelhante às narrativas sexuais indescritíveis, relativas a experiências inefáveis, desse gozo não se sabe falar, o único testemunho está naqueles que o experimentaram.

Catarina: visionária, santa ou louca?

As visões de Catarina começaram em tenra idade, poderíamos pensar em episódios alucinatórios psicóticos, pois, mesmo não tendo, como no caso de Santa Teresa de Ávila, sensações de fragmentação corporal, temos um gozo absoluto. Há, entretanto, uma subjetivação e uma participação ativa em que a experiência do gozo não é vivida pelo sujeito na forma de subjugação. Não é uma experiência de objetificação como nos relatos das memórias de Schreber, que são um exemplo mais claro de diagnóstico de psicose.

Os condicionamentos da rígida cultura, com as escassas perspectivas para o universo feminino e os inquestionáveis preceitos religiosos, deixaram mais incerta a classificação das patologias dela.

O misticismo pode ser interpretado de diferentes formas, conforme as capacidades cognitivas e compreensivas de quem o aborda e em sintonia com o próprio substrato cultural. Para alguns, ele pode então ficar na interface entre santidade e loucura.

Podemos também estender a todos os místicos os enigmáticos relatos feitos em relação a Gandhi por Huberto Rohden, no livro *Mahatma Gandhi – o apostolo da não violência*: "Os profanos meneiam a cabeça em face de tão estranhos fenômenos, uns o deploravam como louco, outros o consideravam doente, mas ninguém consegue decifrar essa esfinge em pleno deserto".

AS PRIVAÇÕES NO CORPO MASCULINO

A castidade era uma imposição ou, certas vezes, uma escolha para muitos homens também. No caso dos eunucos, frequentemente, era vista como uma forma de escapar da pobreza. Relata-se, no livro *Storia della castità,* que em tempos antigos, a alguns homens de origem muito humilde e precária, era difícil arrumar emprego, mas, castrados, tornavam-se bem aceitos nas famílias abastadas para vários serviços, inclusive cuidar das filhas dos patrões. Assim, para saírem da indigência, trocavam os atributos da própria natureza masculina por uma possibilidade de emprego.

A rescisão tinha um custo, mas, em contrapartida, pagava-se bem por aquele pedaço, libra de carne, que não tinha mais utilidade senão como mercadoria de troca, para conseguir um trabalho.

Começou-se a evidenciar, contudo, que, entre as mudanças corporais que a castração ocasionava, havia uma notável mudança de voz, que adquiria tonalidades femininas, potencialmente ainda mais agudas, uma peculiaridade então muito valorizada. Em épocas em que era proibido às mulheres atuarem nos palcos, essa foi considerada uma valiosa substituição. Estima-se que, nos séculos VII e VIII, 70% dos cantores de ópera lírica italiana eram castrados. Interessante é notar que eles eram muito procurados pelas mulheres. Acredito ser possível que algo encontrado nessa alteridade as equiparava com esses desconhecidos, tentações imperativas as aproximavam dessas situações peculiares, e mais uma incógnita no Real do sexo e do gozo feminino aflorava.

Será que aí poderia ser encontrado aquele significante que faltava? Algo continuava não se podendo inscrever.

Alguns homens, famosos na história, dedicaram a vida, ou parte considerável dela, à castidade. Entre eles, Mahatma Gandhi e Leonardo da Vinci.

No livro *Mahatma Gandhi – o apóstolo da não violência*, relata-se que os pais dele o fizeram se casar aos 13 anos, com uma coetânea. A princípio, ele a via como uma estranha colega de brincadeiras. Dois anos mais tarde, porém, instruído por uma cunhada, começou a vida sexual matrimonial. Uma desavença do destino quis que, três anos mais tarde, quando estava tendo relações com a esposa já grávida, tocaram na porta do quarto para anunciar-lhe que o pai, acamado há um tempo, tinha morrido. Ocorreu em um dos poucos momentos em que Gandhi tinha se afastado dele e, infelizmente, foi impossibilitado de acompanhá-lo na última travessia. O sentimento de culpa que o invadiu foi se agravando quando o filho nasceu morto, e o luto mal elaborado por essas duas graves perdas deixou marcas no seu desenvolvimento sexual.

Gandhi não conseguiu sanar a dívida com o pai, que morrera sozinho enquanto ele estava curtindo os prazeres da própria intimidade sexual com a esposa já grávida, e também não viu seu filho viver. Acometido pelo sofrimento dessa dupla perda, convenceu-se de que uma mudança radical era improcrastinável.

Na Índia, os hindus e os budistas acreditam que, para alcançar o Nirvana, purificar a existência e debelar o sofrimento, é preciso interromper o ciclo dos carmas e dos contínuos renascimentos. A castidade é considerada um meio para alcançar a libertação espiritual e entrar em contato com autoridades superiores.

Em uma cultura espermocêntrica, o sêmen é considerado uma substância potente e fortificante, que deve ser conservada; deplorável é o seu desperdício e condenável é o onanismo. Também é incentivado o estoque do sêmen para se ter reserva de energia criativa, para aumentar o vigor intelectual, a energia física e a força moral, sendo ele considerado um verdadeiro elixir de longa vida.

Para Gandhi, depois do duplo luto, pelas mortes do pai e do filho, a castidade e as restrições alimentares se tornaram um grande objetivo, um meio para entrar em contato com entidades superiores e talvez para expiação da própria culpa. Ele nunca renunciou ao convívio com as mulheres, ao contrário, era sempre rodeado por elas, submetia o próprio corpo a diversas tentações, por exemplo, dormia com moças nuas que às vezes até lhe davam banho, só para provar a si mesmo a força da própria resistência. Vivendo essa proximidade, acontecia frequentemente de algumas mulheres se apaixonarem por ele, mas Gandhi veementemente as rejeitava, provocando nelas verdadeiros colapsos emocionais.

A política de benevolência, as privações, os jejuns prolongados e a não beligerância na política com a Inglaterra, na luta pela independência, fizeram dele um sábio e um dos maiores líderes da Índia, que serviu de modelo para os movimentos independentes e para os direitos civis e a justiça social no mundo inteiro.

O seu corpo, entretanto, foi testemunho das grandes privações e das lutas travadas contra os prazeres físicos terrenos e espelho da luta interna para elaborar os lutos e combater os fantasmas do passado. É provável que parte dos instintos agressivos que ele tanto condenava nas relações diplomáticas com o mundo externo possa ter voltado ao próprio ego, caracterizando a relação sadomasoquista com o próprio corpo e com o corpo das mulheres, no jogo contínuo de aproximação/separação.

A religião e a fé, verdadeiras aliadas na vida de Gandhi, não foram suficientes para contornar a agressividade direcionada às mulheres, que sempre aparecia na relação com o mistério do feminino, na impossibilidade de juntar-se sexualmente. O jogo sadomasoquista da contínua aproximação, seguido da recusa, impedia de aliviar as tensões, e elas tinham dificuldade para contornar o tormento emocional que daí derivava.

Mas, para a humanidade, Gandhi se tornou um símbolo, lá onde muitos políticos tinham agido no passado só com o intelecto, ele foi capaz de inscrever no corpo também as marcas da sua luta, com jejuns e privações, e acabou se tornando um exemplo revolucionário, mesmo tendo se inspirado só nos princípios de benevolência e não beligerância.

Ao longo dos anos, a sexualidade e os órgãos que a representam sofreram algumas mudanças de conceitualização.

Sobre Leonardo da Vinci, Freud afirma: "As genitais, por muitas gerações, eram consideradas as partes pudendas, motivo de vergonha e até mesmo de repugnância". A função excretória dos órgãos destinados aos fins sexuais deve ter tido parte nessa concepção, mas, continua Freud, não foi sempre assim: "Estudiosos da civilização afirmam que originalmente os genitais eram o orgulho e a esperança dos seres humanos, eram adorados como deuses e transmitiam a essência divina de suas funções a todas as novas atividades humanas". E conclui: "Dados os caracteres indeléveis de todos os processos mentais, não é de admirar que mesmo as formas primitivas do culto genital existissem até pouco tempo atrás, e que a linguagem, os costumes e as superstições da humanidade de hoje contenham ainda remanescência de todas as fases deste processo de desenvolvimento".

Na cultura da Índia, temos a extrema representação da valorização dos órgãos sexuais. Lembramos o deus Shiva, por exemplo, representado sempre com o pênis erguido, que mostra sua força e virilidade, ao mesmo tempo em que é testemunho do não desperdício dessa força vital, mas os postulados são, às vezes, a antítese dos postulados freudianos.

O filósofo Huberto Rohden se interroga então sobre o valor da castidade na Índia. Ela é fonte de doenças físicas ou mentais, ou elixir da grande espiritualidade? Segundo ele, a natureza que quer categoricamente a continuação da nossa espécie não pode obedecer só ao imperativo do "dever biogenético", por isso, a procriação é acompanhada de um prazer erótico. Tudo o que se torna prazeroso no cumprimento garante a repetição e perpetuidade.

A repressão do instinto sexual, considera ele, seria nociva se, para Eros, não tivesse um equivalente compensador. Aparentemente, ele está se referindo à sublimação de algumas pulsões, mas, devido à amplitude e profundidade das considerações, notamos que ele está se referindo a algo mais universal e transcendente.

Rohden faz uma analogia entre a erótica e a mística, pois ambas seriam desejo de imortalidade, de vida eterna. Na mística, a imortalidade individual é substituída pela imortalidade universal. O que se visa vai além da integração de um indivíduo a outro, pois se preconiza a união do individual ao Universal Infinito, dos homens com Deus, pois assim seria possível gozar da mais alta e perfeita beatitude.

Resumindo esses conceitos, ele afirma que a erótica é a mística da carne, e que a mística é a erótica do espírito. Gandhi foi fiel, com seu *modus vivendi*, a dois postulados: o culto à castidade e ao jejum. Quanto ao jejum, acredita-se que intensifica o poder da oração. Seria possível, sem aumentar a quantidade de ingestão de alimentos, intensificar a qualidade das energias existentes no corpo e transformar as "calorias biológicas" em calorias espirituais.

A oração seria o poderoso catalisador que submete as calorias biológicas ao impacto da alta tensão mística. Unida ao jejum, que ocasiona um refinamento dos nervos, ela se transformaria em um aparelho receptor de alta potência. Essa misteriosa alquimia habilitaria o homem a se conectar com as irradiações das emissoras mais potentes do universo imaterial.

Para Gandhi não havia nada que a fé não pudesse vencer, entretanto, a psicanálise (de Freud) nos mostra que há algo no homem que permanece incurável, e há algo do Real (em Lacan) que não cessa de não se inscrever.

Outra divergência com a fala de Rhohen está na afirmação de que os homens nascem bons, com um otimismo e confiança na espécie humana, não suportada pelo estudo da história e pelas salientes considerações de Freud em *O mal-estar na civilização*, onde ele afirma que, ao contrário, é o processo civilizatório que visa ao enfraquecimento das pulsões agressivas dos homens. A vitória de Gandhi foi escrita na história, ele resgatou a independência e a espiritualidade do seu povo. A psicanálise continua, por sua vez, no incansável processo de resgate das subjetividades individuais.

Leonardo da Vinci (1452-1519) é considerado um dos maiores protagonistas da Renascença italiana. Ele foi autor de obras-primas, de pinturas reconhecidas no mundo inteiro, verdadeiros patrimônios da humanidade, mas foi quase totalmente absorvido por seu interesse de explorador e pesquisador, e muitas das suas telas ficaram inacabadas.

Algo em Da Vinci o deixava sempre insatisfeito, ele sempre procurava algo a mais, pois uma obra de arte nunca era suficiente para exprimir totalmente seus pensamentos.

Acompanhando Lacan, talvez possamos considerar que o artista percebia que sempre tinha algo a mais, que não cabia nas telas, um Real que não poderia ser representado e que metaforicamente nenhuma moldura poderia contornar. Segundo Freud, o insistente interesse pelas artes era devido a pesquisas infantis sobre sexualidade. Diz de Leonardo: "É verdade que nele também existe a repressão sexual, mas ela não consegue relegar para o inconsciente nenhum componente da pulsão sexual. Em vez disso, a libido escapa ao destino da repressão, sendo sublimada desde o começo em curiosidades e ligando-se ao poderoso instinto de pesquisa como forma de fortalecer o instinto, então pode agir livremente a serviço do interesse intelectual. A repressão sexual, que tornou o instinto tão forte ao acrescentar-lhe libido sublimada, ainda influencia o instinto no sentido de fazê-lo evitar qualquer preocupação com temas sexuais".

Freud considera também a vida sexual do artista como atrofiada e restrita a uma homossexualidade ideal, sublimada.

Quando jovem, Da Vinci teve uma experiência que provavelmente marcou o seu desenvolvimento sexual. Foi acusado, junto com outros rapazes, de ter violentado um jovem de má-fama. Eles foram interrogados e humilhados, quase punidos com a pena máxima, de morte, e, mesmo sendo absolvidos, foram acompanhados por muito tempo com calúnias, injúrias e incômodas suspeitas.

Esse episódio, segundo relatado em *Storia della castità*, provavelmente convenceu o artista (que inclusive tinha medo da sífilis e da decadência mental, que associava à sexualidade ativa) a evitar a luxúria e abrir mão das iniciações sexuais.

Outro fator levantado por Freud considerava a intensa ligação afetiva que Da Vinci tinha com sua mãe como dissuasão para mostrar interesse sexual por outra mulher. E assinala que a parte reprimida do amor pela mãe o conduziu a tomar atitudes homossexuais. Freud nos lembra também das declarações de Da Vinci, em que este condenava as relações sexuais como ato desgostoso e afirmava que a humanidade teria se extinguido, se não fossem um hábito consolidado e se não houvesse rostos graciosos e sensuais.

Talvez o desgosto pela relação sexual nos remeta ao desejo edípico recalcado; não podendo trair a mãe com outra mulher, é possível que os rostos graciosos e sensuais possam ser então os dos belos aprendizes, que sempre o acompanhavam no seu percurso artístico e privado (um deles foi escolhido como seu herdeiro), porém, sem chegar à intimidade sexual.

Entretanto, o interesse de Da Vinci pelo corpo humano e suas expressões esteve sempre presente e, apesar de condenar as guerras, ele desenhava armas cruéis e acompanhava as execuções dos condenados para desenhar, em seu caderno, as feições dos rostos, distorcidas pelo medo.

Era guiado por um desejo persecutório e insaciável de conhecer tudo ao seu redor, e talvez o corpo humano pudesse ser um bom ponto de partida. Leonardo reproduziu o homem vitruviano, considerado um cânone das proporções, baseando-se na Proporção Áurea. Apresenta-se como modelo ideal para os seres humanos, de proporções perfeitas, segundo o ideal clássico de beleza.

Na sua tela mais famosa, *A Gioconda*, é retratado um sorriso enigmático e sensual, ao mesmo tempo fascinante e sedutor. A característica dos lábios largos e curvos foi depois retratada em todas as suas pinturas. Freud salienta que alguns autores viam nesse sorriso uma magia demoníaca. *A Gioconda* foi vista como representação dos contrastes que dominam a vida erótica das mulheres; delicadeza e exigente sensualidade eram perigosas armas para destruir os homens. O medo do desconhecido intrínseco às mulheres, como já vimos no livro *O diabo enamorado*, é visto com aterrorizante desconfiança.

Para Freud, o sorriso imortalizado na *Gioconda* era o sorriso da mãe dele, Caterina, uma antiga lembrança que, uma vez despertada, nunca mais o abandonou. Considera-se que uma fixação na fase oral seria confirmada nas várias pinturas reproduzindo esse sorriso.

Da Vinci foi arquiteto, cientista, engenheiro, inventor, escultor, mas também sua curiosidade insistente pelo corpo humano o levou a dissecar cadáveres em uma época na qual, por motivos culturais e religiosos, era veementemente condenada a anatomização. Ele fez vários experimentos para entender o funcionamento do corpo humano e animal, provavelmente tentando descobrir o mistério da vida e a nossa natureza. Foi além do seu tempo, ultrapassando barreiras culturais, sempre querendo saber mais, não lhe bastava a superfície do corpo, seu invólucro; em um tempo que não existiam radiografias, tomografias etc., queria ir a fundo para descobrir os meandros, o funcionamento e as sinuosidades do corpo. Curiosidade e vontade de saber o acompanharam em várias áreas de pesquisa, por toda a vida.

Da Vinci produziu mais de 1.200 desenhos anatômicos que poderiam lhe atribuir o título de "Pai da Anatomia". Entretanto, nunca publicou o seu *De humanis corpori fabrica*. Para ele, mesmo que algo do sexual no corpo tenha sido reprimido, nada impediu que a corporalidade também fosse estudada, assim, seu gênio, junto com sua alta capacidade de sublimação, rendeu à humanidade eminentes, imensuráveis, contribuições.

O CORPO OUTRO

Em *O banquete*, de Platão, fala-se do corpo como o estranho mais íntimo. Essa estranheza em relação ao corpo, inclusive ao corpo do outro, é o que acomete também o jovem escritor que recebe uma carta anônima de uma desconhecida, como relatado em um conto de Stefan Zweig.

Ele nunca suspeitou que o encontro com a mulher que repetidamente o atraía era, na verdade, um reencontro com um corpo sedutor e atraente na sua beleza e sempre novo para ele.

Como pode o propiciador da transformação do corpo de uma menina em mulher não reconhecer o seu artefato? Como pode não reconhecer naquela apaixonada intimidade os frêmitos de um amor antigo?

O nome da mulher que escreveu a esse escritor a carta de despedida não é revelado, pois ele nunca quis sabê-lo. Capaz de amar só o desconhecido, declarava amar tanto as coisas que ela secretamente lhe mandava entregar todo ano, na data do seu aniversário, justamente pelo enigma do desconhecido, por não saber quem lhe entregava, por desconhecer a procedência. O amor pelo desconhecido, aquilo que sempre escapa, não seria o amor com a marca do impossível? Também sendo esse o caso de um sedutor em série, não seria o amor por aquilo que sempre terá a marca da insatisfação?

Trata-se aqui de um corpo da mulher que não faz marca no outro, algo para usar-se no arrebatamento de uma paixão, salvo depois ser prontamente esquecido.

A história relatada no conto é aquela de uma tímida adolescente que é secretamente apaixonada por um jovem escritor, paixão pelo intelecto que ganha asas na leitura dos livros que ele escreve e se consolida ao ver que aquele "pai" imaginado era, na realidade, um rapaz jovem e sedutor. Impossível não admirar tantas qualidades em uma só pessoa. A vida da moça é pobre de referências afetivas, pois o pai morrera há tanto tempo, e a mãe está totalmente envolvida pela própria depressão. Quanto aos colegas da escola, que geralmente representam um importante ideal identificatório entre os jovens, são vulgares e insensíveis, incapazes de compreender a profundidade dos sentimentos da personagem.

A vida da jovem começa a gravitar em volta do estranho professor, que se torna assim mais conhecido. Ela mora em frente à casa dele, e isso lhe permite observar todos os movimentos, inclusive o vaivém de inúmeras mulheres que testemunham esse grande poder de sedução.

A jovem tem somente 13 anos, nos primórdios da primeira paixão, ela pode esperar, continuando a fantasiar o dia em que ele se aperceberá dela. No entanto, o primeiro encontro na escola, quando ela lhe abre a porta de entrada e ele lhe responde sorrindo, é suficiente para ela continuar tecendo as fantasias.

O primeiro encontro íntimo será com 18 anos, em uma noite de paixão, na qual ela se entrega sem nenhuma resistência, com o entusiasmo de quem esperava há tempos que a fantasia se tornasse realidade. Depois tem mais uma noite, e outra ainda, até que a despedida aconteça na ocasião de uma viagem dele, da qual retornará sem nunca procurá-la.

Anos se passam, até ele a encontrar em uma boate; será outra vez seduzido pela mulher agora madura e de refinada beleza, mais uma vez, porém, sem reconhecê-la. A relação entre os dois será outra vez apaixonada, com todo o entusiasmo dos belos enigmas e segredos do corpo dela, que se mostrará a ele, mais uma vez, como desconhecido.

O escritor pagará por aquelas horas de paixão, ferindo profundamente os sentimentos dela, que em vão tentou se fazer reconhecer. Ela se liberará rapidamente do dinheiro, entregando-o ao serviçal.

Qual é o valor de um corpo animado por uma paixão que não pode ser reconhecida, ferido pela sonegação de um sentimento? Os mistérios que se escondem debaixo da pele de uma mulher podem ser interpretados? O amor tem aqui um corpo, mas tem um preço também?

Ela pede amor, e ele oferece um corpo; ela pede para ser reconhecida por um nome que faça para ele, renomado sedutor, uma diferença, mas ele se preocupa só em pagar por aquelas horas de paixão, rebaixando os sentimentos dela.

A Mulher não existe para ele, só pode ser vista então na categoria de suas inúmeras conquistas, é negado o valor da unicidade. Fazendo referência a Lacan, ele afirma que a Mulher, com M maiúsculo, não existe como categoria. As mulheres têm que ser vistas uma a uma, mas, no conto, a mulher seduzida pelo escritor passa a fazer parte do grupo das mulheres já conquistadas e suscetíveis de esquecimento. A protagonista se considera uma aventura numa cadeia permanente. Assim ela não é vista na sua singularidade e, por isso, ela não existe para o seu sedutor. O psicanalista italiano Massimo Recalcati, no livro *Il complesso di Telemaco, genitori e figli dopo il tramonto del padre*, lembra-nos que amor é sempre pelo nome, este tira o sujeito do anonimato, coloca-o na categoria do escolhido, do passível de ser distinguido e relembrado. Mas essa mulher anônima não poderá ser assim reconhecida.

Aprendemos agora que o escritor deixou marcas na vida dessa mulher. Assim como a escrita deixa suas linhas no papel virgem, ele, que lhe tinha roubado a virgindade, deixou um filho, o signo mais precioso. Para ela, era um "outro" dele, que dela precisava e que realmente lhe pertencia.

A morte do filho acabará atingindo também o corpo de quem o gerou. Só agora o segredo da paternidade é revelado ao escritor, em uma anônima carta de despedida. Ela oferece o Real da morte do próprio corpo como última tentativa de fazer signo no outro, pois nunca houve um nome para dizer da sua singularidade.

O CORPO E O DUPLO DE SI

Nascem dois gêmeos idênticos, Caim e Abel. No nome deles estará inscrito um destino? Eles terão a mesma consideração dos pais? Conseguirão desenvolver personalidades singulares? O que se esconde debaixo da mesma pele, invólucro idêntico? Não existe duplo idêntico de nós, senão talvez no espelho e nas fotos. É o nome próprio que transforma o duplo de nós no Um, é o nome que nos representa aos outros, é nele que está escrita nossa singularidade.

Custódia, mãe dos gêmeos, esforça-se para tratar os filhos de forma igual, mas eles serão diferentes.

Na narrativa do livro *Véspera* de Carla Madeira: "Como se negar a diferença dos dois fizesse desaparecer o lugar de onde, irremediavelmente, alguma coisa ia ser diferente em cada um deles. Ninguém pode deter um corpo, nem sua plasticidade única". Caim marcava a diferença, ele se soltava no mundo, Abel tinha medo de se soltar e cair do abacateiro.

Caim e Abel, profundamente distantes, mas dividindo a mesma, idêntica, paixão. A mesma mãe, primeiro objeto de investimento cujas atenções maternas eram para ser divididas entre os dois, e depois o amor de Veneza, o primeiro amor da adolescência.

As diferenças entre Caim e Abel se manifestam principalmente a partir da idade escolar, quando não podem usar mais o mesmo nome: Abel e Abelzinho. Para Caim, antes nomeado como Abelzinho pela mãe, a restituição do próprio nome será o passaporte para criar sua personalidade, descolada daquela do irmão. Para Abel será uma ferida narcísica identitária, uma cisão naquela comunhão de personalidades que a mãe impunha a eles. Vemos isso metaforicamente refletido na fala deste, quando ele dirá: "eu não quero uma caixa de lápis só para mim".

Custódia tinha medo, e o medo tem imaginação, medo do peso que os dois irmãos acabariam carregando no nome: o matador e o morto.

Apesar de todos os esforços da mãe, Abel, de alguma forma, foi um morto em vida, pois não conseguiu ultrapassar o limite das próprias gritantes necessidades corporais e a vergonha por não saber controlá-las.

É do lado negativo, no contraponto com a imagem primorosa do irmão, que Abel vive, do lado dos desajustados, ou seja, como aquele que é excluído do grupo de estudo, no qual Caim brilha e

Abel toma bomba. Aqui ele, o irmão menos capacitado, é visto e reconhecido. Aqui ele, que talvez por um mal elaborado conflito com as necessidades corporais sinta uma culposa vergonha, parece se fixar.

Ainda do livro: "Como pode ser brutal, com consequências destrutivas, quando um pai compara dois filhos e não aceita que eles podem ser diferentes".

O aniquilamento forçado das diferenças dos gêmeos, programado e exigido por Custódia, prejudica a personalidade dos dois. Eles que, desde a infância se espelham no duplo de si para serem reconhecidos na singularidade, merecedores de um amor único – o primordial da mãe e depois o juvenil, de Veneza, colega da escola –, são levados a acentuar as próprias diferenças.

Todos nós, ao nascer, representamos para as nossas mães um momento único e singular. Como uma mãe pode amar dois gêmeos de forma única e singular, se desde o primeiro momento é obrigada a dividir a atenção entre os dois, se eles não foram o único objeto de investimento?

Gêmeos iguais terão oportunidades idênticas na disputa do mesmo amor? E, ainda, como uma jovem poderá amá-los na unicidade, se eles são idênticos? Qual signo fará neles uma distinção?

As personalidades precisam se diferenciar. Caim e Abel. O nome carrega um destino? Fica o sentimento de menos-valia, o não ser visto pela pessoa desejada, apesar de ser tão fisicamente igual ao irmão escolhido por ela, e tão diferente por não poder ser, por sua vez, o escolhido. O contraste entre os dois irmãos tem que ser gritante para ser percebido, pois na aparência só há semelhanças. E Abel grita, não contra o irmão nem contra a mãe, mas sim, descarrega toda a amargura de um amor não correspondido em cima de Vedina, a esposa que, no princípio, ignora a causa de tanta virulência.

Ele bate nela pelo reverso da paixão que não conseguiu contornar dentro de si, ofende o amor porque o dele foi recusado, despreza os sentimentos da esposa já que é incapaz, por sua vez, de experimentá-los. É sobre tudo aquilo que ele não tem, que secretamente anseia para ser escutado, mas que não terá resposta, que ele despeja o seu ressentimento.

Abel não se engana, a impetuosidade do amor que o devora se transforma em ódio, pois ele não foi o escolhido. Ele não aceita um amor substituto, uma improvável compensação. Incapaz de sublimação, o amor dele conserva toda a carga erótica originária, até a violência do erotismo aproximá-lo da pulsão de morte. Assim, quando a esposa o questiona sobre as atenções devotadas à amiga Veneza, ele descarrega sobre ela toda a raiva mortífera de um amor não correspondido. É vermelho tudo o que vem do coração.

Os jovens, na adolescência, têm que passar por um complicado processo de ressignificação. Novamente às voltas com o Complexo de Édipo, algumas revivências da infância podem se atualizar.

A sensação de ter reencontrado o objeto perdido pode cativar o jovem, que agora necessita investir no mundo externo, fora dos laços familiares. É nesse momento que a repetição da perda pode ter consequências, pulsões violentas e destruidoras podem emergir. O processo de subjetificação do adolescente é mais difícil para aquele que, nascido de parto gemelar, tem que lidar a vida inteira com a imagem que o irmão/espelho reflete?

Para Abel, obrigado a se confrontar a vida inteira com o irmão bem-sucedido, seria Caim um outro ideal do Eu? Abel, que desde o primeiro instante não teve o amor exclusivo da mãe, provavelmente, desejou a outra metade do amor materno, desejou a parte que viu no irmão. Mais tarde, teve a repetição da perda, quando os rubores da adolescência o viram enganchado no amor pela mesma garota, mas ele não soube resgatar uma imagem positiva da própria singularidade e, perdido na mesmice de si, não sabendo se inventar, não soube também acolher o amor maduro da mulher que estava ao seu lado. Véspera de um acontecimento que não pôde se realizar.

A sexualidade, além das razões biológicas e funcionais, é aquilo que nos leva ao encontro com o Outro, mostrando assim o lado que tem de mistério, mais que de conhecido.

Os enigmas são vividos de forma muitas vezes angustiante, principalmente a partir da adolescência, quando a maturação corporal e hormonal "garantiria" a possibilidade do encontro.

Para algumas pessoas, o desejo e a singularidade do próprio gozo levam a caminhos diferentes daquele que a realidade do gênero, em sua construção cultural, pretenderia trilhar.

Sabemos que no mundo animal a vida sexual é guiada por fins reprodutivos. O animal não tem um corpo imaginário, simbolizado pela palavra, um corpo pulsional, ao contrário, ele é guiado pelo saber instintivo, que manifesta a sua ebulição hormonal na época do cio. Já nos humanos, a pulsão sexual visa ao alcance do prazer, mas não há um objeto predeterminado para essa finalidade.

A construção do corpo se faz pelo Imaginário, suportado pela fala simbólica, e a palavra, na sua polissemia, abre espaço para outras dimensões e, ao mesmo tempo, confronta-nos sempre com a alteridade do nosso corpo.

Uma necessidade de enquadre no social, influenciada pela heterossexualidade compulsória, leva os homens a querer fazer corresponder a realidade anatômica ao binarismo dos gêneros masculino e feminino, com correspondentes atribuições de insígnias culturais e de papéis que se baseiam em atitudes ativas e passivas. Essas classificações mortificam a singularidade e a especificidade de cada gozo, sem conseguir, porém, padronizar a sexualidade.

O sentimento de inadequação do próprio corpo e de não correspondência à identidade psíquica do sujeito leva a intervenções cirúrgicas, muitas vezes irreversíveis. O avanço da ciência permite atuar no corpo, mas não se pode trabalhar com a hipótese do arrependimento; as *destransições*, nem sempre possíveis, geram conflitos de identidade mais profundos ainda naqueles sujeitos que ilusoriamente acreditaram ser possível tampar a falta constitutiva ou driblar o impossível da relação sexual.

É fundamental então oferecer um atendimento de uma competente equipe médica, com várias especialidades, e uma atenta escuta analítica aos sujeitos que sofrem de alguma disforia.

Um dos primeiros casos de mudança de sexo é do começo do século passado e é representado no filme *A garota dinamarquesa* – como pode ser visto nos textos *Graves usurpações dos direitos das mulheres* e *Solidão da pele - solidão final.* Lili, protagonista, decide usar a roupa da esposa e se aproxima de uma inquietante verdade. Aos poucos, o semblante do feminino, representado nas maquiagens, nos cortes de cabelo e nas vestimentas, não apazigua mais sua angústia, a máscara não encobre mais sua essência.

O fenômeno do *crossdresser*, na vertente simbólica e imaginária, não dá mais conta de "velar" a realidade anatômica escondida debaixo dos vestidos e o Real de um gozo que escapa à significação fálica. Lili se engaja assim na busca de algo que possa dizer de si e da própria singularidade, mas infelizmente morrerá na segunda cirurgia de adaptação sexual. É a morte de um sonho ainda um pouco distante, pela realidade científica da época, mas que, na atualidade, diferentemente, a comercialização pretenderia transformar em algo ao alcance de todos. Ademais, visando só às questões de adaptação corporal, pretenderia também eludir os conflitos psíquicos que a elas se relacionam.

No filme *Transamérica,* também temos um caso de transexualidade, testemunhando a importância social que esse fenômeno, sempre mais atual, está adquirindo e que evidencia os impasses que ainda acompanham o processo de mudança de sexo.

Na entrevista com o psiquiatra, Stanley, o protagonista, é advertido de que o transtorno de identidade de gênero é considerado uma grave anomalia, mas ele rebate que, se o psiquiatra assinar a autorização de sua cirurgia de mudança de sexo, os seus "transtornos" se resolverão. Depois acrescenta, com uma determinação escondida sob um leve sorriso irônico, que é surpreendente como uma cirurgia no corpo possa também proporcionar melhor equilíbrio psíquico.

O passado de Stanley, entretanto, deixou marcas indeléveis, e ele descobre ter um filho, fruto de uma antiga relação com uma mulher.

A terapeuta que o acompanha é firme em não querer consentir com a cirurgia se Stanley, que agora se nomeia Sabrine, não procurar o filho adolescente que se encontra na cadeia. É significativo e ao mesmo tempo metafórico, no entanto, o fato de que Stanley, frente à dificuldade de se revelar ao filho, em um momento em que sua identidade está passando por um complicado processo de transformação, apresente-se como alguém que faz parte da associação humanitária do "pai potencial". Pois ele, como pai real, ainda não exerceu sua função. O rapaz se chama Toby e usa drogas, vive de prostituição e pequenos delitos, mas tem o sonho de se tornar ator de filmes pornô, uma vez que algo de uma infância vivida com um padrasto abusivo deixou marcas passíveis de serem revividas, para tentar encontrar novas significações.

A aproximação com o pai se dará durante uma viagem por alguns estados da América para chegar até Los Angeles, onde acontecerá a transexualização. Durante o aventuroso trajeto – metáfora também da travessia da adolescência –, na viagem/passagem ocorre a transformação do rapaz. O pai põe regras, mesmo se apresentando com outra identidade, exerce a função paterna; com o nome do pai, alguma lei é restaurada.

O jovem reconhece que o Outro da lei existe e que tem que ser respeitado, uma mudança comportamental começa a se delinear e, no final, ele consegue realizar o sonho de se tornar ator pornô, afastando-se do mundo do crime e das drogas.

Stanley também, agora Sabrine, realiza o sonho de fazer a cirurgia. Distante por algum mal-entendido e pela verdade omitida sobre a verdadeira identidade do pai, só tardiamente revelada, o filho volta a procurá-lo.

Stanley conseguiu ser para Toby mãe e pai ao mesmo tempo, oferecendo ao jovem o conforto que ampara e contorna a angústia de um adolescente que carrega um passado difícil de ser significado. A transformação do pai potencial em pai real, durante a viagem/travessia, enfim se fez possível.

Outro caso de disforia de gênero é relatado no documentário sobre a vida de Laerte, famosa cartunista brasileira. Por 60 anos, viveu no corpo de homem, casou-se e teve filhos, mas algo se quebrou no dia que um de seus filhos morreu. Os freios inibidores que reprimiam sua inclinação sexual se afrouxaram e ela se deu o direto de procurar a sua verdade singular. No passado, sempre repudiou a homossexualidade, mas afirma agora que um corpo não é definido para todo o sempre, não é só biológico e que o dela está em transformação, lembrando assim que homens e mulheres são da ordem de "fazer", e não de "ter".

Lacan afirma: "Nós não somos um corpo, nós temos um". Se o temos, talvez possa ser lícito adaptá-lo também a nossa realidade psíquica. Assim acreditam os transexuais que transformam o Real do corpo para adaptá-lo à demanda imaginária, pedindo reconhecimento simbólico.

Laerte já fez implante de seios, mas não cogita a retirada do pênis, aquele órgão que na sua vida de homem já lhe deu tanto prazer. Para ela, sentir-se mulher não está vinculado à retirada de nada, só acrescentar os seios, aquele atributo simbólico que, mesmo debaixo dos largos vestidos, vai mostrar a existência do feminino nele.

A transformação de Laerte é esboçada antes, na personagem de seus desenhos que muda de sexo. Ele usa a ficção para contornar simbolicamente e imaginariamente o próprio desejo, que leva enfim a sua transformação corporal.

Diferentemente dos casos de travestimento, para Laerte não é suficiente o semblante, opta assim por uma cirurgia parcial de feminização. Diferente ainda dos casos de Lili e de Sabrine, que querem, com as intervenções no corpo, tornarem-se mulheres, Laerte não renuncia ao próprio tributo genital fálico, mesmo não se enquadrando exclusivamente no gozo dele, e nos faz pensar em uma outra possibilidade da feminilidade. Talvez um ideal de mulher não castrada que tenha acesso a outras formas de gozo ou também uma possibilidade de usufruir do gozo com atributos de ambos os sexos. Um *plus* no corpo, um "sexo ultra" nos sujeitos detentores dos atributos genitais masculinos e femininos, uma ambivalência que Laerte confirma no nome, que não quer mudar, pois diz que se adapta tanto ao masculino quanto ao feminino.

São tentativas de encontrar um gozo que diz algo de si e da própria singularidade, sempre lembrando que: não existe mulher completa, e nem homem perfeito.

O corpo na terceira idade

O ESPELHO DO IDOSO

Quando envelhecemos, a diminuição das nossas dioptrias e a distância física do espelho se tornam cúmplices, pois não queremos aceitar integralmente a imagem do duplo de nós que o espelho ostenta.

A velhice é, de alguma forma, acreditar na alteridade dessa imagem. Há uma falta de reconhecimento de si na imagem refletida. A nossa identidade corporal imaginária não consegue reconhecer as faltas nela contidas e as imperfeições trazidas pela inexorabilidade do tempo que corre, deixando em nós, humanos, mais do que em qualquer outro ser vivente, suas marcas.

Chega uma idade em que não se interroga mais o espelho, às vezes, involuntariamente, esbarra-se nele.

O sujeito não envelhece. Não há, no inconsciente, representações da velhice, não há rituais de passagem, como podem acontecer na adolescência. É escassa, também, a literatura sobre esse tema, realidade da qual se tenta esquivar involuntariamente. A velhice, como a adolescência, é uma metamorfose, mas não há linhas de demarcação para a primeira. É dos adolescentes que viveram muito tempo que a vida faz os velhos.

No cinema e nas representações artísticas, é sempre o outro que envelhece, entretanto, a raça humana é aquela que mais denuncia o passar do tempo. Os animais podem perder força, vigor, mas os sinais externos são os menos visíveis. Eles não metamorfosciam, nós sim.

O ser humano busca recursos para exercer na velhice suas funções naturais, por exemplo: óculos, aparelhos auditivos, bengalas... Entretanto, esses símbolos resistem em se tornar signos da idade, pois os jovens, por questões genéticas, hereditárias, também podem fazer uso, às vezes só por um período limitado, até sarar de alguma doença transitória, provisoriamente. A diferença dos animais é que eles nunca se reconhecem no espelho, enquanto os humanos, com o passar do tempo, nele não querem mais se reconhecer. Às vezes, a decepção é tão grande que, como os bichinhos, talvez tenhamos vontade de "rosnar" frente aos primeiros cabelos brancos, as primeiras rugas e todas as mudanças que o psíquico terá de ressignificar para contornar a nova inquietante realidade.

A adolescência já ficou para trás há muito tempo, mas o espelho e as *selfies* são algumas vezes interrogadas para saber qual imagem os outros têm sobre nós.

Os contos de fadas, preciosos aliados na elaboração da realidade psíquica, mostram isso metaforicamente, quando, por exemplo, na história da Branca de Neve, a madrasta, que presumidamente já está deixando a juventude para trás, sente-se ameaçada pela presença da jovem e assim interroga o espelho como representante da opinião alheia. Em um mundo imaginário, o valor da estética e da beleza se destacou como signo de poder. A rainha, todo-poderosa, tem que ser vista como a mais bonita também.

Simone de Beauvoir, no livro *A velhice*, fala que se trata de um novo estado de equilíbrio biológico, que aparece mais claramente para os outros do que para o sujeito. Em nossa sociedade, é a perspectiva do outro que define o sujeito como velho, e ele tem que aceitar essa "realidade", que é um além da vida e da qual então não se pode ter vivência interior, é algo que só pode ser visualizado a distância.

A dependência originária do campo do Outro levaria a querer representar quem somos através da visão que os outros têm de nós. Há várias formas de fazê-lo, mas nenhuma permitirá que o sujeito coincida com a realidade que assume. No espelho, veremos sempre "nossa imagem", nunca nossa essência. No livro, a autora dá também um exemplo de um caso paradigmático da velhice. Lou Andreas-Salomé, aos 60 anos, perdeu os cabelos em consequência de uma doença. Ela não tinha tido uma visão negativa da própria idade, até o momento em que adoeceu. Assim, quando fatores estéticos se juntaram aos da saúde, o impacto com a realidade cronológica não pôde ser evitado, e ela percebeu-se "do lado mau" da escada. Entretanto, é preciso ter razões para interrogar o espelho. No decorrer rápido das nossas vidas, não procuramos mais o espelho, eventualmente o encontramos. Será sempre diferente a imagem que ele retornará a nós ao longo de nossas vidas. O espelho garante na infância nossa unidade corporal jubilosa, mesmo que de alguma forma sempre imaginariamente faltosa, que quase leva o sujeito a se perguntar: "E agora, meu duplo, quem é você?". Não temos mais, na velhice, a fala dos adultos como referência para nos sustentar simbolicamente como na infância (por exemplo: "esse é o seu corpo agora, mas você vai crescer, ficar mais alto, mais forte...").

Não há projeção ao depois, pois o corpo do idoso é pouco falado. No futuro, há a degradação e a morte, e esta, o simbólico pode só histericamente tentar contornar. Assim, crises identitárias são as maiores causas das depressões seniores.

É o grande espelho da cultura que enquadra os sujeitos da terceira idade na categoria da velhice, sem definir, entretanto, critérios. A hierarquia das idades tem inúmeras variantes que dependem da especificidade de cada cultura. Os professores e os profissionais de esportes são convidados a se aposentarem mais rápido do que os de outras categorias. Assim também é o caso do exercício de profissões que requerem, para a realização, um ótimo funcionamento biológico e/ou grande equilíbrio psíquico, fatores que podem variar com o avançar da idade. O relógio dos idosos também parece marcar um correr de tempo diferente. O mesmo número 6, marcado pelos ponteiros dos relógios, pode representar o começo de um dia ou o chegar do crepúsculo. Parece que no psíquico do idoso essas duas realidades não são bem distintas, como se houvesse sempre (fora os casos de patologias graves) um novo amanhecer. Ninguém quer muita proximidade com a morte. A velhice é feita, principalmente, de memórias, que não caminham com as estações, não obedecem ao calendário. Ela eterniza a memória, e nela somos os jovens de sempre. Enfim, não há uma idade certa para ingressar na terceira idade, e talvez, devido à grande quantidade de pessoas que superam os 90, ou até mesmo os 100 anos, possa já representar uma quarta etapa da vida.

DECLÍNIO DA ATIVIDADE SEXUAL

O envelhecer é um processo biológico, intelectual e, como vimos, sociocultural. A geriatria começou a existir a partir de meados do século passado, quando, provavelmente, a idade média das pessoas começou a se estender um pouco. Foram criados assim os primeiros asilos, onde se reuniam os idosos. Na França, o hospital Salpêtrière foi o primeiro núcleo de instituição geriátrica, onde o conceituado psiquiatra e neurologista Jean-Martin Charcot pronunciou as suas célebres conferências sobre a velhice. Mais tarde, teve acesso, entre as disciplinas médicas, a gerontologia, que estuda não a patologia da velhice com suas particularidades biológicas, mas o próprio processo de envelhecimento, em um aspecto social mais amplo. Dizemos que uma sociedade é mais evoluída quanto melhor trata seus velhos. As novas disciplinas são também resultado desse processo evolutivo. Vale lembrar que, até meados do século passado, as pesquisas biológicas sobre a velhice eram tocadas só tangencialmente, ao abordar outros trabalhos, tornando-se então um subproduto destes.

O envelhecimento é um processo democrático, pois acomete todos os indivíduos que, superando os desafios, conseguiram superar as várias etapas da vida. Entretanto, a degradação física humana tem um peso diferente dependendo do gênero a quem pertence. Para o homem, as rugas e os cabelos brancos, e até mesmo a calvície, não contradizem a suposição de virilidade. No passado, razões atávicas e antropológicas exigiam dele um ideal de força para caçar e conquistar o alimento para si e sua família.

Hoje em dia, a tendencial inversão dos papéis o vê, às vezes, mais como um objeto de desejo do que aquele que o persegue.

Já vimos no texto "O corpo erógeno na contemporaneidade" que cientistas, como o famoso oncologista italiano Umberto Veronesi, previam que a inversão dos papéis entre os dois sexos iria ocasionar uma baixa de hormônios de testosterona para os homens e a diminuição de estrógeno para as mulheres. Suponho que isso pode levar também a uma diferente configuração da corporalidade, em que os diversos atributos físicos de cada sexo podem ser menos caracterizados.

A sexualidade é frequentemente a área onde mais cedo se manifestam as *défaillances*/fragilidades do organismo.

Principalmente para os homens, já que eles se identificam com o falo, a temida falta de ereção e de ejaculação mostraria uma diminuição da potência, cuja consequência não admite boicote, e se as mulheres podem continuar sendo receptivas e gozar do próprio corpo a vida toda, os homens, biologicamente, seriam menos favorecidos.

Entretanto, as mulheres, ao serem consideradas objetos sexuais, seriam socialmente mais prejudicadas com o envelhecimento. É verdade que a maioria dos homens gosta de caçar, mas é verdade também, por exemplo, que os pescadores devolvem ao mar os peixes pequenos.

Apesar de a maior libertação dos tabus ter favorecido a aproximação dos sexos, a caça hodierna não deixa de ser um difícil processo de sedução, a empreitada tem que valer a pena.

Existem, evidentemente, diferenças no exercício da sexualidade entre homens, jovens e idosos. Simone de Beauvoir relata que, apesar de não existir uma lei geral sobre a interrupção da espermatogênese, a sensibilidade nos órgãos sexuais reduz com o avançar da idade, e a ereção se torna duas a três vezes mais lenta. Entretanto, pode ser conservada por mais tempo. Não tendo a ejaculação como produto final e peremptório, a excitação tem um *escalation*/desenvolvimento mais lento, e a menor sensibilidade e a experiência adquirida na vivência da relação favorecem o prolongamento do amplexo amoroso.

Nos jovens, a ejaculação se desenvolve em duas etapas: o lançamento do líquido seminal na uretra prostática e seu progresso até o exterior. Na primeira fase, o jovem sente que a ejaculação vai se produzir inevitavelmente. O homem idoso não tem uma percepção tão forte desse processo, as duas etapas são reduzidas a uma, o coito se parece mais como uma sudorese do que com uma intensa polução.

Apesar do impacto narcísico, a impotência não provoca, necessariamente, uma redução da libido. Segundo Freud, a sexualidade não se reduz ao genital; diferentemente do instinto, a libido não tem objeto fixo. O organismo tende, na sua evolução, a se organizar sobre o esteio da genitalidade, mas, dependendo das circunstâncias, e a velhice é uma delas, poderá regressar à fase oral e anal. As atividades compensatórias terão sua origem nas fixações perversas da sexualidade infantil, em que a descarga das pulsões sexuais parciais ocasionava prazeres preliminares.

Mesmo indivíduos que perderam as funções sexuais não são assexuados. O sexo como sinal de autoconfiança e vitalidade, desejo de aproximação corporal ao outro, vontade de seduzir, não é vinculado cronologicamente à idade.

As atividades sexuais têm vários fins, na pluralidade de suas manifestações, a perversão pode levar à atuação de crimes hediondos contra a dignidade sexual. Sustento a convicção de que a castração coercitiva e/ou química não seria uma apropriada medida punitiva, sendo que, ao contrário, poderia favorecer a atuação de fantasias perversas.

O campo da cirurgia e da ciência tem que abrir suas portas ao campo do sujeito, que exige sempre uma escuta a mais.

É sempre difícil não responder aos estímulos sexuais. Existem casos de personagens famosos, como Ghandi, o grande líder indiano, que não foram "traídos" pelo próprio corpo, que, pelo contrário, foi até um precioso instrumento na luta para alcançar ideias de independência.

A conquista da independência endógena aos impulsos, fortalecendo o próprio corpo, pode também garantir a independência exógena da autoridade externa que vem do Outro? Para Gandhi, o espiritual veio suplantar as exigências corporais, mas ele foi traído por uma retroversão dos seus ideais, pois, depois da independência da Inglaterra, eclodiram violentas lutas fratricidas entre hinduístas e budistas, e o desfecho trágico de sua luta pelo pacifismo foi a morte, pela mão de um hinduísta, que o acusou de traição.

A realidade da vida nem sempre é fiel ao espelho dos nossos ideais.

Lembramos agora a pergunta de Deleuze: o que pode um corpo?

A ideologia de Gandhi, com sua perseverança e tenacidade, serviu de modelo para a luta pela justiça social no mundo inteiro, mas foi com o corpo que Gandhi pagou o maior tributo à sua luta, pois, no desfecho das prioritárias ideologias de não beligerância, o ser corporal acabou sucumbindo.

O fervor exacerbado em qualquer crença, mesmo que seja aquela da paz sem violência, deixa brechas, buracos, fendas, falta de significados. Esse vazio urge para ser encoberto, desafiando a impossibilidade de tudo dizer, pois a morte abre um vazio impossível de ser preenchido.

Existem formas bastante diferentes de se aproximar da sexualidade, devido às heterogêneas formas de gozo, que são singulares de cada sujeito, ao mesmo tempo em que podem ser condicionadas pela cultura dominante. A cultura japonesa, por exemplo, mistura de forma singular o pudor e o impudor. Às vezes, os parceiros, ao se relacionarem sexualmente, não tiram a roupa, quase como se algum véu tivesse que tampar a visão do proibido, esconder o pecado, entretanto, livros e estampas elucidam sem obstáculos as diferentes posições do amplexo, a pornografia propaga, e existem, em algumas ruas, cabines onde os homens podem desafogar suas tensões. Não é incomum também que a virgindade das moças seja vendida ao melhor licitante. Em contraposição a isso, existem jovens que frequentam prostíbulos, mas só para sentir a proximidade do corpo feminino, sem explorá-lo, sem possuí-lo. Essa demora na evolução da genitalidade, acredito que possa ter, entre outras causas, uma fixação libidinal edípica. É do corpo da mãe que é buscado o reencontro, proibida é, portanto, a violação. Veremos também, no capítulo seguinte, que existem idosos que experimentam uma sexualidade alternativa, mais imaginária do que vivida na corporalidade.

Na Índia, onde o pudor, o recato e a virgindade das mulheres são considerados valores essenciais para conseguir um bom casamento, a sexualidade é culturalmente reprimida, e há muitos homens também que escolhem a castidade e o não desperdício de sêmen. Entretanto, esse país foi a pátria do *Kamasutra*, famoso entre os livros, como a literatura do desejo.

Não é raro que sejam justamente as culturas em que se prega o pudor e o recato que mais denunciam os limites dos freios inibidores culturais, para reprimir as pulsões sexuais.

Em todas as culturas, o idoso não é visto como um indivíduo com vida sexual ativa. Assim, muitos renunciam à escuta da linguagem do corpo sexuado para não serem considerados inoportunos ou até mesmo perversos pela sociedade. Entretanto, a fantasia é sempre perversa, mas mesmo em idade avançada se podem encontrar formas de pô-la em práticas mais "convencionais", cabe ao sujeito encontrar formas de contenção que não afastem o próprio gozo.

O VELHO EGUCHI – O QUE INSISTE DO SEXUAL

O conceito de velhice mudou ao longo dos anos. Os expedientes das ciências médicas, sempre mais evoluídas, e os novos recursos farmacológicos permitiram aos homens uma significativa melhora da saúde e das forças produtivas. Observamos inclusive que as aposentadorias, principalmente, na profissão autônoma, são sempre mais adiadas.

Na cultura do consumismo, o valor de um homem está ligado à capacidade de produzir bens de consumo, isso se reflete no sentimento individual identitário, sempre ligado ao lugar que o cidadão ocupa na sociedade, e à profissão que ele exerce. Observa-se que no mercado de trabalho os jovens fazem sempre mais esforços para serem incluídos, e os idosos, para não serem excluídos.

No livro *A Casa das Belas Adormecidas*, vemos que até a metade do século passado, época na qual o livro foi escrito, no Japão era considerado idoso um homem com 67 anos. É o caso de Eguchi, o protagonista, que frequenta – um pouco por curiosidade, um pouco por antecipação do declínio sexual, já pressentido, mesmo que ainda parcialmente – a Casa das Belas Adormecidas.

Nessa instituição, jovens moças dormem profundamente ao lado de idosos que procuram nesse lugar neutro aquilo que do sexual, por não ser mais possível de ser vivido na realidade, encontra aqui um espaço psíquico imaginário onde hospedar a fantasia. Emergem assim rememorações dos tempos passados, lembranças da juventude que florescem na proximidade da mocidade.

A impossibilidade da relação sexual é manifesta nesse lugar onde as moças são virgens e podem só ser olhadas e o mais respeitosamente acariciadas. No caso de Eguchi, que tem uma sexualidade ainda parcialmente ativa, essa situação de forçado resguardo e inibição se apresentaria com um toque de masoquismo, mas vale lembrar que acreditar na possibilidade do encontro mítico entre os sexos, em qualquer idade, levaria a decepções que só a fantasia e o amor podem contornar.

Na Casa das Belas Adormecidas, os idosos têm reminiscências do antigo vigor juvenil, mas se sentem mais seguros por não ter que dar provas disso. Eles estão dispostos a pagar mais caro pela garota adormecida do que por uma mulher acordada; manifesta-se aqui o valor enigmático do recorrente quesito: "O que quer uma mulher?" Ao lado das garotas adormecidas, os idosos não precisam envergonhar-se do complexo de senilidade e são mais livres para mergulhar nas recordações dos desfrutes da juventude.

As meninas tomam remédios e dormem profundamente, não têm percepção sensorial do que está acontecendo. Eguchi se pergunta então se elas não seriam assim transformadas em brinquedos perfeitos ou animais de sacrifício. A referência ao brinquedo inanimado, entretanto, denuncia a dificuldade do homem de lidar com as mulheres quando despertas, melhor se estiverem adormecidas.

Ao aceitar o encontro, as garotas oferecem o próprio corpo ao olhar incondicional e o toque examinador do outro, de alguma forma, nesta posição de mortas, a única diferença é que respiram, estão momentaneamente se livrando em vida do próprio corpo. Horas perdidas? Vivências apagadas? O corpo tem aí valor de oferenda.

É possível ver nesses encontros incomuns uma postura histérica feminina, que visa encontrar significantes para poder responder à pergunta: "O que significa ser uma mulher?" Mesmo adormecida, ela ainda oferece estímulos à sexualidade masculina? Em quantas variadas formas o corpo dela pode encontrar expressão?

Já para os homens obsessivos, possibilita-se o encontro, aqui onde tem a impossibilidade de a relação sexual acontecer.

Eguchi procura as jovens moças, não só pela beleza física, mas também porque as coetâneas dele têm marcas das tragédias e experiências infelizes que já viveram. Ele define esses encontros como deploráveis. Tendo chegado aos 67 anos, procura o frescor da juventude, talvez como última possibilidade de se sentir homem. Se no imaginário coletivo e social o homem é velho quando não é mais produtivo, no íntimo e particular, o sujeito que não quer confessar suas *défaillances*/limitações sente-

-se, porém, velho quando deixou de ser homem. E o que significa ser homem?

Esse significante tem valor relacionado ao Outro mulher, pois na sexualidade é a mulher que define para o parceiro o que é ser homem. Depois de certa idade, certos encontros podem ser mais ameaçadores.

Eguchi é um grande explorador do corpo feminino, descreve com minúcia todas as poses das garotas adormecidas, com referência ao tom da pele, brilho dos cabelos, formas das unhas, todas as características físicas são examinadas, e até mesmo as experiências olfativas; ele chega então a afirmar, "a mulher é infinita".

Vemos então Eguchi se deparar, de modo mais incisivo, com os enigmas da mulher, pois não há um único significante mestre que a defina. Em outro momento, ele chega a comparar a mulher a Buda, essa referência sagrada a torna ainda mais misteriosa e inalcançável para o homem. As garotas são virgens, e a pureza delas as aproxima mais ainda do sagrado, que pode ser representado nas efígies estatuárias, mas essa performance, assim como o corpo das moças adormecidas, mostra o invólucro, não a essência.

As mulheres são volúveis, segundo Eguchi. Ele então pergunta à misteriosa mulher que trabalha na Casa preparando os hóspedes para o encontro com as moças se ela, ao se mostrar volúvel, não estaria revelando a verdadeira natureza feminina, acrescentando mais mistérios à essência da mulher.

Na Casa, as moças são preparadas para dormir profundamente, mas basta um deslizar de um braço fora da cama para Eguchi lembrar que a garota deitada a seu lado é viva, talvez o único corpo sexual que os velhos possam tocar sem medo da prestação, guiado só pela singularidade da própria fantasia. Para ele, que – diferentemente dos outros frequentadores mais velhos da Casa – conserva ainda uma sexualidade ativa, em alguns momentos se torna insuportável pensar que, diferentemente de uma boneca inflável, há um sujeito dentro daquele invólucro, mas que para aquela garota a existência de Eguchi não significa nada em absoluto.

A presença só do corpo físico da mulher não atribui aos encontros as características da alteridade e reciprocidade, a garota nunca saberá dele, essa é uma experiência vivida no singular, que se aproxima do gozo autístico.

Para Eguchi, a pulsão escópica manifesta nas detalhadas explorações do corpo feminino, junto da possibilidade da experiência tátil, não parecem ser suficientes, ao contrário, na pulsão invocante, ouvir o nome dele o faria se sentir mais vivo, mas o sono coagido das moças apaga nelas todas as pulsões.

Massimo Recalcati, lembrando Lacan, afirma que o amor é sempre pelo nome, não é possível amar sem o reconhecimento do nome próprio do parceiro. Por isso, inclusive, os amantes se renomeiam de forma nova, batizam-se outra vez com apelidos afetivos. É o nome que dá ao corpo seu lugar único. Daí que, a troca inadvertida do nome dos parceiros é geradora de grandes conflitos.

Em Eguchi, a solidão humana, cuja manifestação mais paradigmática é a impossibilidade da relação sexual, é exasperada na experiência da senilidade, não há junção de dois, não há reciprocidade, nem fusão. Só há a fantasia promotora do gozo do sujeito, que é sempre singular.

O CORPO PEDE SENTIDO

Na mulher o envelhecimento parece ter data certa para iniciar. O fim do ciclo reprodutivo e a queda dos hormônios anunciada na menopausa parecem ser marcas indeléveis de uma realidade biológica não mais procrastinável. Com, entre outras coisas, o ressecamento das unhas e cabelos, a perda do viço da pele, inchaços, insônia, irritabilidade e fogachos, o corpo manifestará inequívocos sinais de mudança.

A medicina evoluiu muito e oferece suportes, quando não soluções, para todas essas sintomatologias físicas. Existem tratamentos estéticos, além da reposição hormonal, entretanto levará um tempo para as mulheres reconstruírem uma identidade corporal, psíquica, em harmonia com as mudanças.

É na menopausa que a ameaça da fragmentação da coesão do eu, no psiquismo, poderá mostrar sua vertente mais amedrontadora e nada parece mais poder tampar o buraco da castração imaginária. As consultas médicas se tornam mais frequentes e mais recomendadas pelos médicos. O corpo, ainda mensageiro de uma sexualidade vibrante debaixo da pele, é agora examinado pelas mãos neutras de profissionais, insensíveis às novas mensagens, do qual é subtraída a própria privacidade.

Em algumas consultas, com exames talvez mais invasivos, à mão de profissionais menos sensíveis, a mulher pode sentir a humilhação de ter um corpo agora tratado com consideração de menos-valia por causa do envelhecimento. Temos na exploração dos profissionais da área médica uma objetificação do corpo, que não é mais ouvido nos preceitos da sexualidade e de seus íntimos segredos, mas se torna puro objeto de estudo das ciências médicas.

Ao mesmo tempo, constata-se que, em alguns casos, para algumas mulheres é como se tivesse uma reedição da fase primordial e constitutiva do espelho. A fala do médico com seu aporte simbólico e a nova imagem da mulher, que se reflete agora nos olhos do cientista, parecem ser a nova fonte de abastecimento narcísico, do qual a mulher precisa para redefinir sua corporalidade e seu Eu ideal.

O corpo da mulher é em perene construção, principalmente quando na menopausa, confundida com a velhice, há uma "despersonalização" em que a mulher não reconhece sua imagem no espelho, assim procura um novo olhar, nos de profissionais que supostamente tenham a chave de leitura, para interpretar os sinais das mudanças. Alguém que possa circunscrever a experiência de um corpo que pede sentido, um corpo do qual a mulher não sabe mais decifrar os segredos.

Frequentes são as decepções, pois o que a mulher não compreende de si, cria enigmas aos quais os homens só podem responder com outros enigmas, maiores talvez para quem não passou, nem passará, por essa experiência.

No artigo "Sexualidade feminina e menopausa", Marie-Christine Laznik explica que a chegada da menopausa é crítica, porque exige uma redistribuição libidinal, as compensações fálicas da mulher, que eram a maternidade na ótica da equação falo-bebê e a falicidade do corpo jovem, não podem mais ser paradigma da feminilidade. Nessa fase, a mulher acha que não pode mais se reconhecer no lugar de objeto de desejo e, claro, a procriação não é mais uma meta. Isso é ainda mais doído no momento em que os filhos – substitutos fálicos – criam asas e se afastam da autoridade, carinho e proteção materna.

Se a procriação era uma forma de se afastar da finitude, agora o fantasma da morte volta a assombrar. Fantasma que não tem gênero, assim também alguns homens casados procurarão uma compensação engravidando jovens mulheres.

Com o avanço da idade é preciso, para todas as mulheres, mais do que para todos os homens, uma ressignificação da própria corporalidade. Algumas mulheres queixam-se da diminuição da libido, entretanto, é difícil avaliar quanto o condicionamento cultural incide na sensação de menor disposição ao envolvimento na vida sexual.

Nessa fase da vida, a maioria das mulheres estão vivendo casamentos já desiludidos, com parceiros que já não demonstram maior disposição. Algumas, em consequência do estranhamento com o próprio corpo, invadidas por uma sensação de inadequação, ou até mesmo de vergonha, preferem se afastar dos mistérios da sexualidade.

Uma nova corporalidade psíquica está se construindo e, assim como nos enigmas das mudanças do corpo adolescente, serão necessárias ressignificações de um corpo que, aos poucos, desvendará seus novos mistérios.

Freud afirmava, em consonância a isso, que as mulheres experimentam nessa fase da vida um aumento da libido, mas, em paralelo com a puberdade, uma moça inibe seu desejo porque é cedo demais, e uma mulher na meia-idade, porque é tarde demais.

Para os homens também, ao longo do tempo, acontecem algumas mudanças; o declínio da masculinidade, porém, tem às vezes as compensações fálicas do alcançado sucesso profissional e do maior poder aquisitivo a garantir melhor posição social, características que podem reluzir nos olhos de jovens mulheres que ainda estejam buscando encontrar o próprio lugar na vida.

As mulheres, porém, nem sempre vivem a menopausa como uma fase negativa da vida. A isenção da "obrigatoriedade" de uma vida sexual ativa pode proporcionar uma almejada quietude. É o fim da máscara da sedução, não será mais preciso aparentar ter ou ser um falo, que só pode aparecer como significante.

Para contornar a bissexualidade originária, a cultura do social, tentando conter as pulsões sexuais, buscou o enquadre no binarismo homens/mulheres, como supostamente deveriam se enquadrar todos os indivíduos com as mesmas características biológicas. Entretanto é importante lembrar, com Freud, como a mulher se desenvolve a partir da criança com predisposição bissexual.

A aquisição de insígnias femininas fez a mulher se reconhecer na posição sedutora de objeto do desejo, posição enigmática, nem sempre fácil de se sustentar.

A mulher, além de ser considerada objeto sexual, é um ser humano, continua Freud, fator que é independente das categorias masculino ou feminino. Isso lhe permite também um retorno ao lado masculino de si e à possibilidade de se dedicar a conquistas profissionais e outros objetivos fálicos, que podem ser uma sublimação e um contraponto à impossibilidade biológica de gerar filhos e à diminuição da falicidade corporal sedutora.

Pertencer a um sexo que não tem um significante que o defina – a não ser por uma detração: aquele que não tem o falo – levou frequentemente a mulher a desenvolver a inveja fálica. A assim denominada *penishneid* pode ser vista, porém, como um caminho rumo à feminilidade.

Superado o Complexo de Édipo, a menina decepcionada nas suas expectativas abandona o pai. Agora o amor por ele pode proporcionar-lhe uma identificação com suas insígnias, que são a base do neonascido ideal do Eu.

Essa identificação é o que equipara os dois sexos, masculino e feminino, mas na mulher ocasiona a divisão entre ser objeto sexual ou optar para o lado masculino. Isso a leva a desenvolver o complexo da feminilidade e a inveja fálica.

Diferentemente do homem, para o qual é socialmente suficiente o encobrimento do falo, para a mulher, que fica na posição de ser suposta detentora do significante do desejo, faz-se necessário o velamento do corpo inteiro. Um encobrimento para ocultar um erotismo que pode se manifestar em toda a superfície corporal. Um véu para encobrir algo que ali não está, ou seja, um falo do qual ela é só um significante.

Origina-se então um mistério que a ambiguidade histérica manifesta ao apontar o lugar do desejo, o levantar da saia com uma mão, abaixando-a simultaneamente com a outra, mostrar o enigma do seu desejo, quase um querer dizer: não procure aqui, não encontrará nada, ninguém é detentor do falo, pois dele só se conhece o significante de falta.

É a tessitura do véu em volta dessa falta que ocasiona o jogo de mostra-esconde, que proporciona a ascensão da mulher à própria feminilidade. É isso que as mulheres árabes fazem com a dança dos véus no quarto do casal, excitando o parceiro talvez mais por aquilo que escondem do que por aquilo que revelam. A mulher então se faz máscara, véu, tessitura e é atrás desses artifícios que ela vai sustentar a posição de objeto do desejo.

O encobrimento com burcas existe fora de proximidade do amplexo, no social também. Os maridos defendem com exacerbada possessividade os segredos da própria mulher, ninguém além deles pode saber aquilo que ali debaixo dos véus não poderá ser encontrado.

SOLIDÃO DA PELE – SOLIDÃO FINAL

"Sempre fui a mais bonita... até hoje, apesar da idade, mantenho meu peso, embora só eu mesma veja o meu corpo." Assim começa, durante as sessões de terapia, o relato da história de Mané, agora com 75 anos, no livro *Dez mulheres*, de Marcela Serrano.

Desde a infância, ciente da sua beleza, costumava se enfeitar na frente do espelho, fantasiando-se com as roupas da mãe. Mais tarde, o atestado da beleza veio a ser conclamado com o vencimento de vários títulos de Miss.

Resolveu atuar no teatro, ali suas qualidades físicas faziam a diferença. Frequentava os bares dos artistas, foi onde conheceu Roço, um poeta que amou muito e com o qual se casou. O desenrolar da vida deslumbrante no mundo artístico e a sensação de plenitude encontrada no parceiro fizeram com que ela não desejasse nada a mais.

Roço amava Mané de paixão, orgulhava-se da beleza da sua mulher e vivia em parte da luz que ela, verdadeiro objeto de desejo, refletia.

O amor dele era tão profundo e abrangente que Mané se sentia totalmente realizada na vida a dois, assim ela nunca desejou ter filhos.

Para Freud há dois caminhos para a mulher. Um caminho leva à realização, exaltando as características da feminilidade como já vimos na personagem da Carmen de Bizet, visa à realização do próprio desejo de mulher, particular e subjetivo. O outro caminho é aquele da maternidade, no qual a equação falo-bebê seria uma compensação fálica à castração da mulher. Este segundo caminho seria também uma evolução da fase masculina quando a principal zona erógena da menina, objeto de masturbação, era o clitóris e comportaria também uma superação da inveja fálica, originada do complexo de castração. Mané escolheu o primeiro caminho, pois, ao lado do seu amado Roço, sentia-se completa.

O tempo foi passando e sinais de envelhecimento começaram a ofuscar a sua beleza, mas foi justamente nesse momento que lhe foi oferecida talvez a peça mais importante da sua, nem sempre vibrante, carreira artística.

Assim, envolvida naquela que presumia ser a última chance da sua vida, dedicou-se passionalmente a esse projeto. E foi um sucesso. A noite da estreia foi glamorosa, mas quando voltou para o camarim encontrou aquilo que tragicamente iria interromper sua trajetória profissional e mudar para sempre sua vida. Roço tinha morrido, atropelado por um carro, justamente quando estava chegando ao teatro para assistir à estreia.

Seguiram-se dias difíceis, de depressão profunda, dos quais só os cuidados da cunhada a trouxeram de volta à vida, mas nem sempre à vontade de viver. Assim sem entusiasmo foi levando a vida, apoiando-se em três pilares: bebidas, homens e teatro. Foi quando os efeitos do passar do tempo sobre sua corporalidade se tornaram mais evidentes. Envelhecida, percebeu que os homens que antes imploravam pelo seu corpo agora o trespassavam com o olhar, como se fosse invisível, como se não existisse. E assim relembrar a beleza passada, que já existiu, rendeu tudo mais doloroso.

O choque com a realidade que o olhar do outro reflete agora para Mané é profundo e impiedoso, pois, ao inconsciente do sujeito, não há representação da própria velhice.

Algumas verdades começam a se manifestar nos inequívocos sinais corporais que Mané descreve com as minúcias de quem não se engana mais. Assim ela sarcasticamente afirma que a velhice se mede pelas partes do corpo que resistem à exibição, até o momento em que você quer se cobrir por inteiro e isso é o fim de todas as vaidades. O velamento encobre um real do corpo que não pode mais ser sonegado.

É uma vivência difícil de ser aceita, como confirma também o testemunho de uma paciente na clínica. Ela afirma que quando jovem tinha orgulho, na praia, de usar biquínis, mas admite que agora com seu corpo envelhecido fica feliz quando, nas mesmas situações, tem a sensação de não ter que passar vergonha. Delineado assim um marco entre o bonito e o razoavelmente suficiente.

A velhice acomete todo mundo da mesma forma?

Segundo Mané, não. Quem não tem dinheiro não pode combater nem refrear o avanço do tempo, os tratamentos mais caros são inacessíveis, e os cuidados com saúde, mais precários. A lista de limitações que o avançar da idade impõe não para de crescer, não espera as pessoas se acostumarem às novas restrições, que já outras mais severas chegam sem pedir licença e sem vontade de ir embora.

Mané afirma que, quando as possibilidades de realização no mundo externo se reduzem e quando o seu olhar já não alcança mais um novo horizonte, o seu mundo interno acaba retraindo. É isso que leva a conhecer a principal característica da velhice: a solidão.

Entretanto, Mané tenta se furtar a esse destino, aceitando um reencontro com uma antiga paquera, mesmo achando que assumir a velhice seria a única saída, pois a "patetice" não perdoa.

Nos contatos epistolares antes do temido encontro, Mané volta a se sentir mulher, a escrita dela contorna os sonhos mais recônditos, o papel aceita qualquer verdade, e só aqui suas fantasias podem se tornar realidade. É como nascer de novo, talvez pela última vez.

O encontro com a velha paquera enfim acontece e é paradigma da impossibilidade de síntese do mundo masculino e feminino.

No encontro, o homem relata uma preocupação profissional, enquanto Mané, supostamente pronta para um encontro amoroso, preocupa-se com suas olheiras. O homem denuncia outra desavença no trabalho, e Mané levanta o pescoço para não deixar aparecer os sulcos impiedosos que o tempo ali deixaram. O homem se inquieta frente à possibilidade eventual de um projeto de trabalho fracassar, e Mané passa a língua nos lábios para que eles não encolham desidratados. Assim desenrola-se o encontro, um desencontro que termina com um "a gente se vê" que soa mais como um nunca mais.

O sonho acabou. Mané fica com seus questionamentos, o que aconteceu de tão irremediável? Afoita, volta para casa com a única possibilidade de reencontrar-se na máscara da feminilidade que agora constrói na frente do espelho, no pequeno mundo encolhido do seu apartamento, única realidade que o olhar dela pode alcançar.

Ela dança, rodopia, inventa novos penteados e se maquia, a cada nova pincelada querendo ofuscar mais um pouco os sinais da idade. Ali onde pode se ver ainda como desejada, reencontra a natureza da sua feminilidade, percurso que sempre tem que ser reconstruído.

Uma maquiagem, máscara construída pelas próprias mãos, para lhe devolver aquilo que a vida lhe tirou sem pedir permissão. Algo que, encobrindo o que não pode ser visto, permite, ao mesmo tempo, a ressignificação da própria corporalidade que antes o espelho se obstinava em denunciar nas suas falhas.

A fantasia de ainda poder seduzir a conforta por algumas noites seguidas, mas ela confirma ser a única protagonista de um show para o qual não há expectadores e só ela vê o próprio corpo.

Para os homens existe o significante fálico que os define e enquadra todos na mesma categoria. Já para as mulheres não há um único significante que as defina.

Lacan afirmava que não há a mulher com o A maiúsculo (enquanto categoria), as mulheres devem ser vistas, no um a um.

A feminilidade é algo a ser inventado.

Simone de Beauvoir afirma, no livro *A velhice,* que ser mulher é o resultado de uma história, que é um advir, não existe um destino biológico ou psicológico que a define.

A mulher se cria, inventa a própria feminilidade, esconde sua suposta castração, faz máscaras, *semblant.*

Para Mané, a última máscara para esconder a velhice não foi suficiente para evitar a solidão final: a solidão da pele.

Mané ainda relata que isso acontece quando o sexo é uma lembrança perdida, e você faria de tudo por um simples abraço ou um cafuné no cabelo, quando seria talvez suficiente, para seu corpo vibrar, encostar a cabeça exausta numa camisa amassada e amiga.

É a solidão do corpo, solidão da pele, solidão final.

BIBLIOGRAFIA

ABBOTT, Elizabeth. *Storia della castità. Dalle vestali a Elisabetta I, da Leonardo da Vinci a "Magic" Johnson*. Milano: Arnoldo Mondadori Editore, 2008.

AGAMBEN, Giorgio. *O uso dos corpos*. São Paulo: Boitempo, 2017.

ALBERTI, Sonia. *O adolescente e o Outro*. 3 ed. Rio de Janeiro: Zahar, 2010.

ALTIERI, Nathalia. *Ortorexia: quando o hábito da alimentação saudável se torna uma doença*. Safe Sport, 14 set. 2021. Disponível em: https://safesportbrasil.com.br/blogs/novidades/ortorexia-quando-o-habito-da-alimentacao-saudavel-se-torna-uma-doenca. Acesso em: 30 maio 2022.

BETTELHEIM, Bruno. *A psicanálise dos contos de fadas*. 16 ed. São Paulo: Paz e Terra, 2002.

BIZET, Georges. *Carmen*. Paris, 1875.

CAZOTTE, Jacques. *O diabo enamorado*. Rio de Janeiro: Imago, 1992.

CHARMET, Gustavo Pietropolli; PIOTTI, Antonio. *Uccidersi. Il tentativo di suicídio in adolescenza*. Milano: Rafaello Cortina Editore, 2009.

CLERCQ, Fabíola de. *Todo pão do mundo*. Belo Horizonte: Scriptum, 2012.

CORTÁZAR, Julio. *Final do jogo* [1956]. Rio de Janeiro: Civilização Brasileira, 2014.

COSENZA, Domenico. *Il cibo e l'inconscio. Psicoanalisi e disturbi alimentari*. Milano: Franco Angeli, 2018.

DELEUZE, Gilles. *Spinoza e o problema da expressão*. São Paulo: Editora 34, 2017.

FREUD, Sigmund. *Leonardo da Vinci e uma lembrança de sua infância* [1910]. Edição Standard Brasileira das Obras Psicológicas Completas, v. 11. Rio de Janeiro: Imago, 1996.

FREUD, Sigmund. *Sobre o narcisismo: uma introdução* [1914-1915] Edição Standard Brasileira das Obras Psicológicas Completas, v. 14. Rio de Janeiro: Imago, 1996.

FREUD, Sigmund. *O mal-estar na civilização* [1927-1931]. Edição Standard Brasileira das Obras Psicológicas Completas, v. 21. Rio de Janeiro: Imago, 1996.

GUIMARÃES, Leila Mariné da Cunha. Apresentação do documentário *De Gravata e Unha Vermelha*, direção de Miriam Chnaiderman. Aleph – Escola de Psicanálise, 27 ago. 2016.

GULOTTA, Guglielmo; SARTORI, Giuseppe; PIETRINI, Pietro. *Le neuroscienze, una risorsa preziosa per il processo penale e per una giustizia più giusta.* Il Dubbio, 22 jul. 2020.

HOSPITAL SANTA MÔNICA. *Vigorexia: entenda as causas, sintomas e qual o tratamento indicado*, 29 out. 2020. Disponível em: https://hospitalsantamonica.com.br/vigorexia-entenda-as-causas-sintomas-e-qual-o-tratamento-indicado/. Acesso em: 30 maio 2022.

JORGE, Marco Antonio Coutinho; TRAVASSOS, Natália Pereira. *Transexualidade: o corpo entre o sujeito e a ciência.* Rio de Janeiro: Zahar, 2018.

LACAN, Jacques. *O seminário, livro 1: os escritos técnicos de Freud* [1953-1954]. 3 ed. Texto estab. por Jacques-Allain Miller, trad. Betty Millan. Rio de Janeiro: Zahar, 1986.

LACAN, Jacques. *Radiofonia* [1970]. Outros escritos. Rio de Janeiro: Jorge Zahar, 2003.

LACAN, Jacques. *O estádio do espelho como formador da função do eu* [1966]. Escritos, trad. V. Ribeiro. Rio de Janeiro: Zahar, 1998.

MADEIRA, Carla. *Tudo é rio.* Belo Horizonte: Quixote, 2014.

MATTA MACHADO, Rodrigo Santos da. *São João da Cruz à luz da psicanálise lacaniana. A experiência mística para além do êxtase.* Dissertação (Mestrado). Fafich/UFMG, 2018.

PEDERNEIRAS, Rodrigo. *Primavera para dias melhores.* O Tempo, 11 out. 2021.

PLATÃO. *O banquete.* Porto Alegre: L&PM Pocket, 2013.

QUINET, Antonio. *Os outros em Lacan.* Rio de Janeiro: Zahar, 2012.

ROHDEN, Huberto. *Mahatma Gandhi – o apóstolo da não violência.* São Paulo: Martin Claret, 2007.

SALIBA, Ana Maria Portugal M. *A pose.* Revista Grîphos. O corpo da psicanálise. Belo Horizonte, n. 23, 2010. Publicação da Escola Freudiana de Belo Horizonte/iepsi.

STEVENS, Alexandre. *Adolescência, sintoma da puberdade. Les Feuilletes du Cortil, n. 15, Le Désir et la Faim*, 1998, p. 79-92.

VAN DER KOLK, Bessel. *Il corpo accusa il colpo. Mente, corpo e cervello nell'elaborazione delle memorie traumatiche.* Milano: Raffaello Cortina, 2015.

VERONESI, Umberto. *"L'umanità sarà bisessuale" – Veronesi divide gli scienziati.* Corriere Della Sera, 19 ago. 2007.

WAGNER, Richard. *Cavalgada das Valquírias,* 1854.

WEDEKIND, Frank. *O despertar da primavera*. Lisboa: Estampa, 1973.
ZWEIG, Stefan. *Carta de uma desconhecida*. Medo – e outras novelas. Rio de Janeiro: Record, 1999.

FILMES

AS BRUXAS DE SALEM. Direção de Nicholas Hytner. Estados Unidos: 20th Century Studios, 1996. (124 min.)
A ONDA. Direção de Dennis Gansel. Alemanha: Christian Becker, 2008. (107 min.)
A GAROTA DINAMARQUESA. Direção de Tom Hooper. Inglaterra: Working Title Films, 2015. (119 min.)
BELLE DE JOUR. Direção de Luis Buñuel. França: Paris Film, 1967. (100 min.)
CISNE NEGRO. Direção de Darren Aronofsky. Estados Unidos: Fox Searchlight Pictures, 2010. (108 min.)
DE GRAVATA E UNHA VEMELHA. Direção de Miriam Chnaiderman. São Paulo: Sequência1, 2014. (86 min.)
LAERTE-SE. Direção de Eliane Brum. Brasil: Netflix, 2017. (100 min.)
MESSNER. Direção de Andreas Nickel. Alemanha: Netflix, 2012. (108 min.)
NANGA PARBAT. Direção de Joseph Vilsmaier. Alemanha: Netflix, 2010. (103 min.)
PRECIOUS. Direção de Lee Daniels. Estados Unidos: Harpo Films, 2009. (110 min.)
SANSÃO E DALILA. Direção de Cecil B. DeMille. Estados Unidos: Paramount Pictures, 1949. (131 min.)
SILENCIADAS. Direção de Pablo Agüero. Espanha: Netflix, 2020. (90 min.)
SONHOS EM MOVIMENTO – NOS PASSOS DE PINA BAUSCH. Direção de Anne Linsel, Rainer Hoffmann. Alemanha: Gerd Haag, 2010. (89 min.)
TO THE BONE. Direção de Marti Noxon. Estados Unidos: Netflix, 2017. (107 min.)
TRANSAMÉRICA. Direção de Duncan Tucker. Estados Unidos: independente, 2005. (103 min.)
UM MÉTODO PERIGOSO. Direção de David Cronenberg. Canadá; Reino Unido; Alemanha: Sony Pictures Classics, 2011. (99 min.)

AGRADECIMENTOS

Em memória dos meus pais Benito e Maria, que sempre apoiaram meus estudos, e em memória de Jeferson Machado Pinto, psicanalista, amigo e orientador do meu percurso na escrita analítica. Agradeço também à Janaína de Paula pela importante revisão dos textos.

SOBRE A AUTORA

Cristina Gaoni Medioli nasceu em Vercelli, Itália. Viveu e estudou em Milão, onde formou-se em direito na *Università Statale*. No Brasil, começou a se interessar pelos estudos de psicanálise. Atua como psicanalista há mais de 20 anos. Tem trabalhos publicados nas revistas psicanalíticas *Reverso* e *Griphos*.

1ª Edição (2023)

Esse livro foi composto em
Plantin e Trade Gothic para
a Quixote+Do Editora e
impresso em papel pólen bold 90g,
pela Formato Artes Gráficas.

#tudocomeçanalivraria
#quixotedo2023
#versõesdocorpo